다시 태어나도 유학

다태유(다시 태어나도 유학)

초판 1쇄 발행 2023년 7월 7일

지은이 김하영
펴낸이 장길수
펴낸곳 지식과감성#
출판등록 제2012-000081호

교정 한장희
디자인 김하은
편집 정윤솔
검수 김서아, 이현
마케팅 정연우

주소 서울시 금천구 벚꽃로298 대륭포스트타워6차 1212호
전화 070-4651-3730~4
팩스 070-4325-7006
이메일 ksbookup@naver.com
홈페이지 www.knsbookup.com

ISBN 979-11-392-1173-3(03190)
값 15,000원

- 이 책의 판권은 지은이에게 있습니다.
- 이 책 내용의 전부 또는 일부를 재사용하려면 반드시 지은이의 서면 동의를 받아야 합니다.
- 잘못된 책은 구입하신 곳에서 바꾸어 드립니다.

지식과감성#
홈페이지 바로가기

다시 태어나도 유학

김하영 지음

"3대륙 5개국 12년의 유학 경험을 공유하는 고민 상담소.
유학을 준비하는, 유학에 대한 궁금증을 가진 여러분을 초대합니다."

지식과감정

목차

들어가는 글 ··· 6
감사의 글 ··· 9

1. 발단: 유학 준비 과정

유학이 좋은 이유? ··· 14
유학 필수 아이템은 무엇인가요? ································ 21
유학 준비 실전편: 비자, 홈스테이, 유학원 ················ 28
언어 공부에 대한 모든 것 ··· 42

2. 전개: 유학의 시작, 드디어 풀린 오해

유학생들은 드라마에 나오는 것처럼 문란한가요? ······· 62
외국은 대학교 졸업하기가 어렵다? ···························· 65
어떻게 하면 빨리 적응할 수 있을까요? ····················· 75
유학을 그만두고 싶을 때는 어떻게 해야 할까요? ······ 84

3. 위기: 유학에서 겪게 되는 고난들

나와의 문제: 슬럼프, 외로움, 번아웃 ························· 92
남과의 문제: 인종차별, 인간관계 ······························· 100
불가항력의 문제: 제3의 요소 ······································ 113

4. 절정: 한번 시작한 유학, 최고를 맛보자

노력의 절정: "나 이 정도까지 해봤다!" ··········· 132
뿌듯함의 절정: 유학 성공 케이스와 그들의 공통점 ··········· 139
후회의 절정: 유학 실패 케이스와 그들의 공통점 ··········· 152

5. 쉼표: 쉼이 필요할 때

교환학생: 합법적 백수의 유럽 장기 여행 ··········· 160
휴학: 졸업 전 마지막 버킷리스트 ··········· 185

6. 결론: 결말 아닌 결론

마지막 응원 ··········· 195
100명의 유학 선배들의 한마디 ··········· 196

들어가는 글

유학을 꿈꾸는 여러분에게.

'유학'이라는 키워드로 우리가 이렇게 연결되다니 지금 이 순간 얼마나 설레는지요. 그리고 이 길을 시작하는 여러분을 얼마나 응원하고 싶은지요. 지금 이 순간 책을 펼친 이유가 무엇인가요? 유학 라이프에 대한 궁금증을 해결하기 위함인가요? 아니면 유학 생활에 지쳐 돌파구를 찾기 위함인가요? 지금 이 순간 어떤 마음일지 참 궁금해요. 외국에 나가 새로운 삶을 꾸려나갈 생각에 마냥 설레는지. 아니면 당장 일주일이라도 버텨낼 수 있을지에 대한 걱정으로 가득 차 있는지. 그렇다면 이 책을 펼치신 여러분께 잘 찾아오셨다고 말해주고 싶어요. 혼란스러움, 두려움, 기대감 등 다양한 감정 속 실마리를 찾고 여러분께 유학 경험을 공유해 주는 언니, 누나가 되어줄게요.

3대륙 5개국에서의 12년간의 유학 생활은 두렵고, 외롭고, 설레고, 찬란한 시간이었어요. 그와 동시에 유학이란 저의 인생을 바꿔준, 지금의 김하영을 있게 해준 인생의 터닝포인트이자 기회였죠. 내 생의 가장 어여쁜 청춘이 담긴, 나 자신에 대한 공부가 되어준 너무나 소중한 한 편의 영화.

해외에서 공부하는 기간이 길어질수록 저의 경험을 궁금해하는 친구들이 많아지는 것을 느끼며 '아! 저 세상 밖에는 이러한 질문을 가진 사람들이 생각보다 많겠구나. 그럼, 그 사람들에게 내가 아는 것을 같이 공유하면 어떨까?'라는 생각을 하게 되었어요. 그렇게 유학 상담과 유학 유튜브 채널 deargloria를 운영하며 유학에 대해 고민하는 친구들에게, 또 유학을 시작하며 어려움을 겪고 있는 친구들에게 옆집 언니, 누나의 입장에서 솔직한 이야기를 시작했죠. 어려서부터 '경험 공유' 그리고 마음의 건강인 '행복'에 관심이 많았던 저는 '인생은 혼자 살아남는 것'이라는 말과 참 유사한 유학 생활에 따뜻한 위로와 기댈 수 있는 고민 상담소가 되어주고 싶었어요. 아등바등 홀로 헤쳐 나가며 힘들었던 시간과 어렸기에 철없이 저질렀던 실수를 유학 후배들에게 대물림해 주고 싶지 않았죠. 저의 진심이 전달되었는지, 다양한 친구들이 본인의 이야기와 고민을 공유해 주었고 덕분에 큰 보람을 느꼈어요. 대학 졸업을 앞두었을 땐 '조금 더 진정성 있는 방법은 무엇일까?'라는 고민을 마주하였고 그때 선물처럼 다가온 것이 글쓰기, 책을 쓰겠다는 다짐이랍니다. 졸업 후 Meta, Audi Volkswagen, Philips 등 제가 꿈꿔왔던 회사에서 인생의 다음 챕터를 다져가며 이렇게 '다태유'라는 선물로 다시 찾아뵐 수 있어 뿌듯하네요.

여러분께도 한 편의 영화로 다가가려 해요. 유학을 준비하는 단계, '발단'. 유학 시작 후 일어나는 과정을 담은 '전개'. 유학 중 겪게 되는 고난을 담은 '위기'. 한번 시작한 유학 여러분이 최선을 다해 꿈을 이뤄냈으면 하는 바람을 담은 '절정'. 최선을 다하되 지칠 땐 쉬어갈 용기를 내어도 된다는 메세지를 녹여낸 '쉼표'. 유학을 마무리하며 여러분에게 전하고 싶은 마음을 담은 '결말' 아닌 '결론'. 마지막으로 제 인생의 가장 큰 복인 인복을 빌려 준비한 여러분을 응원하는 '100명의 유학 선배들의 조언'까지.

이 모든 스토리는 하나의 메세지로 귀결되어요. '유학이라는 길 속, 너무 많이 두려워하지 않길, 방황하지 않길.' 분명 외롭고 힘든 순간들이 찾아오겠지만 그 너머에 더 큰 행복이 기다리고 있을 테니 모든 경험 속 내가 배워갈 것은 무엇인가에 초점을 맞추고 그 끝에 한층 더 성장해 있을 자신의 모습을 기대하는 마음으로 나아가길.

'내가 아무 대가 없이 받은 이 기회'에 대한 최소한의 감사 표현이자, 12년 유학 생활을 마침표 찍는 기록. 머리에서 가슴까지가 세상에서 가장 긴 거리라고 하죠. 제 책이 조금이나마 여러분의 가슴을 움직이는 데에 도움이 되길 바라며, 여러분만의 아름다운 영화를 진심으로 응원합니다.

―――――――――――――――――――――――― 감사의 글

이렇게 몇 글자를 빌려 감사의 마음을 표현하기엔 턱없이 부족한 공간인 것을 알지만, 저 혼자서 이룬 것 하나 없는 감사함 충만한 인생이기에. 그리고 제 인생의 가장 큰 복은 인복인 것을 알기에, 이토록 짧은 지면을 빌려 감사의 마음을 전합니다.

유학이라는 기회를 주신, 그리고 그 과정에서 정신적 지지자이자 열심히 달릴 원동력이 되어주신 부모님. 가족을 위한 희생이 무엇인지 또 일상을 채우는 성실함의 근육이 무엇인지 가르쳐 준 아빠. 딸의 향한 기도로 내 인생에 가장 큰 힘을 실어준 나의 사랑스러운 신앙 선배 엄마. 내 인생의 첫 천재, 말다툼 & 취향 메이트이자 노력파 김하영이 될 수 있도록 자극제가 되어준 언니. 유학의 첫 시작부터 끝마치는 순간까지 원격 응원으로 함께해 준, 그리고 언제든 돌아올 곳이 있다는 안정감을 선물해 준 한국의 친구들. 유학 과정 중 나의 인생에 다가와 선물이 되어주고 둘도 없을 나의 아름다운 학창 시절을 함께해 준 친구들.

작가로서 첫 길을 걷고자 하였을 때 응원과 격려로 환대해 주신 분들. 첫 출판 과정 속 함께해 주신 지식과 감성 관계자분들. 외로울 수 있는

건필이라는 길에 좋은 길잡이 선생님이 되어주신 나의 최애 작가님. 유학 준비하는 친구들을 위한 코멘트를 부탁드렸을 때 흔쾌히, 진심 담아 함께해 주신 100분의 유학러 & 해외러 분들까지.

그리고 무엇보다 하나님, 하나님, 또 하나님.
유학이라는 기회를 잡을 수 있는 상황과 용기를 허락하시고, 현명하신 부모님을 제게 보내주신 하나님. 유학 중 아름다운 기회들로 내 삶을 풍성하게 해주신, 세상의 많은 행복을 맛볼 수 있게 해주신 하나님. 수많은 어려움을 통해 나를 단련하시고 지금의 제가 있게 해주심에 감사. 뒤돌아보니 이 모든 것이 나를 더 크게 쓰시기 위해 단련하신 하나님의 앞서 행하심이었다는 것을 발견할 수 있음에 또 감사. 못나고, 교만하고, 이기적이었던 저에게 더 큰 고통이 아닌 견딜 수 있을 만한 고통으로, 또 손 뻗으면 닿을 수 있는 곳에 도움 주는 인연들 허락해 주심에 감사. 하나님과의 친밀한 교제를 허락하셔서 하나님의 사랑을 만끽하며, 이 책을 통하여 유학을 준비하는 친구들에게 그 사랑을 전할 수 있게 하심에 감사. 이 모든 시의적절함으로 밀접하게 제 삶을 주관하시는 하나님, 이 책을 통해 이루어가실 모든 일과 앞으로의 제 삶 속에서 보여주실 여호와 이레 또한 감사합니다. 아브라함, 이삭, 야곱, 요셉의 하나님과 동일하게 제 삶 속에서도 역사하실 하나님의 사랑에 오늘도 감사드리며, 모든 영광 하나님께 돌립니다. 아멘.

발단

설레는 마음으로 주체적인 자세로
유학이라는 기회를 잡고 주인공이 되어
다신 없을 당신만의 영화를 찍고 오기를 진심으로 바라요.

발단: 유학 준비 과정

　유학 이야기를 시작하며, 지금 이 순간 독자분들은 크게 두 가지 궁금증을 가지고 있을 거라 생각해요.

　"그래. 유학이 좋다고 듣긴 했어. 그런데 왜 좋다는 건데?" 그리고 "유학 도대체 어디서부터, 어떻게 준비해야 하는 건데?"

　그래서 첫 챕터 '발단'에서는 두 가지 질문에 답하는 시간을 가져보려 해요. 유학이 좋은 이유, 그리고 유학 준비 필수템.

유학이 좋은 이유?

"하영아 너는 다시 예전으로 돌아가서 유학을 하게 된다고 해도 똑같은 선택을 할 거니?"

제가 10년 넘게 해외 생활을 하며 가장 많이 받았던 질문 중 하나죠. 저 스스로도 어떤 대답을 할지 매우 궁금했고 유학 콘텐츠를 시작하기 전 필요한 고민이라고 생각했어요. 지나온 시간들과 저의 경험을 자세히 들여다본 결과,

"다시 태어나도 유학."

저는 몇 번이고 다시 선택권이 주어진다고 해도 주저하지 않고 유학 길에 오를 거예요. 고군분투, 외로움, 발버둥과 같은 세상 어두운 단어들로 형용되는 시간이었음에도 불구하고 왜 이러한 결정을 고집하는 걸까요? 크게 세 가지 이유가 있답니다.

첫 번째, 새로운 도전에 대한 두려움이 없어진다

새로운 나라에서의 삶이란 언어, 인종, 문화 등 낯선 일들과의 전쟁이죠. 익숙했던 모든 것을 버리고 새로움을 배워가는 과정에 뛰어든다는 건 도전 그 자체이고요.

다양한 도전 중 외국 생활 시작과 동시에 가장 피부에 와닿는 '새로운 언어'에 대한 도전을 다뤄볼까요? 모국어가 아닌 한 번도 써보지 않은 새로운 언어를 배운다는 것의 당혹스러움은 생각보다 엄청나요. 당연시 여겼던 의사소통이 불가능해지고 나를 제외한 모두가 맞고 내가 틀린 것 같은 그 기분은, 아무도 내 말을 이해하지 못하는 외로운 외계인이 된 것과 같은 기분이죠. 이러한 당혹스러움과 "어느 세월에 새로운 언어를 습득해서 일상생활을 살아나갈 수 있을까"라는 미래에 대한 두려움을 깨고 새로운 언어를 배운다는 것. 하루아침에 이뤄낼 수 있는 결과가 아니기에 꾸준한 노력이 동반되어야 하는 과정이죠.

초등학교 때 미국에서 영어를 배우는 것도 충분히 힘들었는데, 고등학교 시절 처음 중국이라는 땅을 밟고 중국어라는 언어를 새로 배워야 했을 때의 그 막막함이 기억나요. "국제고등학교에 왔는데 내가 굳이 중국어를 배워야 하나?"라는 태만함과 "안 그래도 중국어 어렵다는데, 적응하기도 힘든데 그냥 배우지 말까…"라는 두려움 사이에서 갈팡질팡했죠. 저의 도전 정신을 자극한 건 어느 한순간이었는데. 아직도 그날을 선명히 기억해요. 주말 외출증을 끊고 (제가 다니던 중국 국제

고등학교는 학교 밖을 나가려면 출입 허가증이 필요했어요) 오랜만에 중국의 한 한인 식당을 향했어요. 그곳에서 밥을 먹는데 옆 테이블의 화교 여자가 전화기 너머의 사람과 중국어를 하는 소리가 들려왔어요. 별 감흥 없던 중국어였는데 그 어감과 발음이 어찌나 멋지게 다가오던 지요. 처음으로 저 또한 유창하게 중국어를 하고 싶어졌고, 그 순간 스스로에게 약속했죠. "졸업 전에 나도 저 여자처럼 중국어를 잘 해야겠다." 이러한 목표는 중국어 공부를 열심히 할 원동력이 되어주었고 지칠 때면 그 화교 여성처럼 될 내 모습을 상상하며 다시 또 힘을 냈어요. 중국인 친구들과 영어로만 나누던 대화에서 점차 중국어의 비중이 커가는 게 느껴질 때 신이 났고 중국어를 할 때 자신감이 붙어가는 내 모습을 보며 신기했어요.

시간이 흘러 고등학교 졸업반 12학년이 되던 그해에 여느 때처럼 친구들과 중국어로 대화를 나누고 있었어요. 어느 대학교의 무슨 과를 가고 싶은지에 관한 대화를 하는 중이었는데 교실 반대편에 있던 중국인 친구가

"刚才是谁啊?"
"방금 누구였어?"

라고 소리쳤죠. 내가 왜 마케팅과에 가고 싶은지 열변을 토하던 때라 "나였는데? 왜?"라고 대답했고, 내가 너무 시끄럽게 떠들었나? 아니면

저 친구도 마케팅 전공을 하고 싶은 건가? 라고 생각하던 찰나 친구의 한 마디.

"真的吗？吓人啊。我没想到是你在讲~"
"아 진짜? 깜짝이야. 나 중국인이 말한 건 줄 알았어!"

그때 그 친구의 놀란 표정, 그때 제가 느꼈던 그 소름은 아직도 잊지 못해요. 그건 3년 전 스스로에게 한 약속에 대한 성취였고, 고등학교 1학년 때 생전 처음 접하는 언어를 배우며 겪을 수밖에 없었던 시행착오와 창피함에 대한 격려였어요. 이 계기로 저는 더 자극을 받아 중국어 공부에 매진했죠. 언어가 되니 그들과 나누는 대화의 깊이가 점차 깊어졌고, 자연스레 그들의 문화를 더 폭넓게 이해할 수 있었으며, 많은 것들이 전과는 다르게 보였어요. 다양한 대화를 통해 그들의 생각 방식에 자연스레 스며들며 공감할 수 있는 것들이 많아진 것이죠.

"If culture was a house, language was the key to the front door, to all the rooms inside."
"문화가 집이라면, 언어는 그 집으로 들어가는 문과 모든 방의 열쇠이다."
— Khaled Hosseini

배우는 것에 대한 두려움을 없앤다는 건 비단 언어에 국한되지 않고 삶의 다양한 방면에서 보다 쉽게 새로운 것에 도전할 수 있는 용기와 자신감이 되어주죠. 성공도 해본 사람이 할 수 있다는 말처럼, 또 작은 성취를 해본 사람이 큰 성취도 할 수 있다는 말처럼 성취감은 마약과도 같은 것이라 그 짜릿함을 계속 느끼고 싶게 돼요. 어떤 종류의 성취이든 간에 목적을 달성해 본 사람과 성취감을 느껴본 사람들은 다른 분야에 도전을 하게 되어도 "아… 나 컴맹인데 어떡하지…"가 아닌 "성조가 뭔지도 몰랐던 내가 중국어로 수업을 듣고 있는데, 컴퓨터는 켤 줄 아니까 관련 자격증도 딸 수 있겠지!"라는 마인드로 변하여 용기를 보다 쉽게 갖게 되죠. 어떻게 보면 이 작은 용기가, 새로운 것을 시도할 때 과감하게 도전하는 삶의 태도에 큰 도움이 되었어요.

이런 winning habit을 생활화하여 자격증 취득하기가 취미로 자리 잡았고, 방학마다, 학기마다 '새로운 것 도전하기'를 목표 삼다 보니 스쿠버다이빙, 윈드서핑, 중국어, 마케팅 등 자격증 콜렉터가 되었답니다. 결국 이 작은 용기가 여러 방면으로 저의 인생을 아름답게 또 다채롭게 채워주고 있는 거죠. 너무 먼 길 같나요? 걱정 마세요, 여러분. 제가 할 수 있다면 여러분들도 할 수 있어요. 용기를 갖고 행동으로 옮겨보세요. 다 됩니다.

두 번째, 외국인이 친근해진다

요즘 같은 글로벌 시대에, 한 언어만을 말하고 한 국적을 가진 사람들만을 만나며 사는 건 거의 불가능해졌죠. "굳이? 한국인과 한국 기업에서 근무하며 살아가면 되지 않을까?"라는 생각이 든다면 TV의 광고

나 뉴스를 들여다 보세요. 미국과 중국의 외교 관계, 한국과 일본의 외교 관계. 그로 인해 우리나라 경제가 받는 영향까지. 태어나서 한 번도 보지 못한 외국인들까지 우리 일상을 쥐고 흔드는 게 현실이에요. 점점 더 다양한 국적의 사람들과의 교류가 있을 우리 인생에서, 유학을 통해 다양한 사람들을 만나보고, 외국인들에게 낯섦보다 친근감을 느낄 수 있다는 건 큰 장점이라고 생각해요.

대학생 때 교환학생이라는 기회로 난생처음 이탈리아에 가게 되었어요. 하지만 이탈리아에 가기 전 그 나라에 대해 아는 것이라고는 미디어를 통한 지식이 전부였고 현지인과의 교류도 거의 없었으니 모든 것이 이질적이었어요. 문화적 이해와 언어의 결여는 모든 것이 낯설게 다가오게끔 했죠. 하지만 유럽 생활 후 다시 캐나다에 돌아왔을 때는, 수업을 들을 때 이탈리아 친구가 있거나 길거리 와인 상점의 소믈리에가 이탈리아인이라고 하면 괜스레 한마디 더 걸게 되었어요. 그런 저의 진심 담긴 친절함에 그들 또한 저를 더 챙겨주는 모습을 발견할 수 있었고요. 세상을 살아가면서 보다 많은 사람들에게 허물없는 친근감을 느낄 수 있다는 것, 장벽 하나가 허물어진다는 것은 정말 큰 장점이에요.

마지막 세 번째, 삶의 무대가 넓어진다

제가 다시 태어나도 유학을 꼭 하겠다는 이유 중 가장 강조하고픈 이유.

캐나다, 이탈리아, 한국, 중국, 미국까지 총 5개 나라에서의 거주 경험은 또 다른 나라를 가더라도 "나는 해낼 수 있다"라는 자신감을 주고 전 세계를 나의 무대로 바라보게 해주었어요. 그리고 "나는 어디서든 해낼 수 있겠다"라는 마음가짐을 갖고 있으니 나의 커리어를 쌓을 곳과 살고 싶은 곳을 정할 때 전 세계 범위에서 고려하게 되고 이것은 삶 속 더 많은 가능성과 기회로 결부된다는 것이에요.

토론토 대학교를 졸업하고 어디에서 일할지 고민 하던 시기. 그때 당시 저의 선택지가 캐나다뿐이었다면 두려움이 더 컸을 것 같아요. 선택지가 한 곳이라는 것은 그만큼 더 큰 실패의 확률을 뜻하니까요. "여기에서 직장 못 찾으면 나의 유학 인생은 망하는 거 아닌가?"라는 두려움에 오히려 저의 역량을 100% 다 펼치지 못했을 것 같아요. 캐나다에서 내가 마음에 드는 곳을 찾지 못한다면 싱가포르로 가면 되지. 싱가포르에 없다면 두바이든 프랑스든 "나에게는 다양한 선택지가 주어져 있으니 주눅 들지 말자"라는 마음가짐. 이렇게 선택의 폭이 넓어지면서 느끼는 자유로움과 심리적인 여유로움이 정말 큰 장점이에요. 이러한 마음가짐으로 임했기에 지금 저는 Meta, Audi Volkswagen, Philips 등 제가 꿈꾸던 회사들에서 행복하게 커리어를 쌓고 있답니다.

그렇기에 "하영님 나중에 어느 나라에서 살고 싶나요?"라는 질문을 받을 때 제 대답은 단 한 가지. 나라는 중요하지 않아요. 그곳에 누가 있는지, 어떤 사람과 함께하는지가 중요할 뿐이랍니다.

유학 필수 아이템은 무엇인가요?

앞에서 유학을 추천하는 이유, 'WHY 유학?'을 설명했다면 이제 어떻게 준비를 해나가야 하는지 'HOW'에 대한 이야기 또한 해봐야겠죠? 제가 받아본 유학 관련 질문들은 참 다양하고 진중한 것이 많았어요. 질문들이 저에게 오기까지 수많은 고민의 흔적들이 느껴져 저 또한 답변에 심혈을 기울이게 되죠. 유학 유튜브 채널을 운영하며 많이 받은 질문을 생각해 보면 "하영님, 유학 준비에 가장 필요한 것은 무엇인가요?"가 아니었나 싶어요. 열심히 고민해 본 결과 그에 대한 제 대답은 외부 요소가 아닌 우리 내면에 있더라구요. 지금까지 12년간 유학 생활을 하며 수많은 업다운을 겪은 저를 버티게 해준 힘이죠.

유학에 필요한 가장 첫 번째 요소는 확신

내가 왜 유학을 가고 싶은지, 왜 유학을 해야만 하는지에 대한 확신이 필요해요. 저 같은 경우는 중국어, 영어를 보다 빨리 배우고, 다른 나라 문화를 직접 체험하며 세상을 바라보는 시야를 넓히는 것, 그리고 열심히 공부해 명문대를 입학해서 세계적인 수준의 교육을 받는 것이 제가 유학을 하고자 하는 목적이었어요. 그리고 이러한 유학의 목적은 주변 사람들, 특히나 나를 가장 위해 주는 사람들을 설득할 수 있는 정도의 디테일과 확신이 있어야 한다고 생각해요.

저 같은 경우는 이러한 존재가 부모님이시죠. 보통 유학을 희망하고 부모님께 말씀을 드릴 때 많이들 반대하시고 걱정하시더라고요. 물론 경제적인 문제도 포함되어 있을 수 있겠지만 경제적인 부분을 제외했을 때, 그러한 우려 뒤에는 그만큼 유학이 인생의 큰 변화이고 다양한 변수들이 생길 수 있는 것임을 그분들은 아시기 때문이겠죠. 그런데 저는 그분들의 걱정을 설득할 수 있을 정도의 확신을 가지고 있어야 한다고 생각해요. 세상에서 가장 나를 위해 주는 분들을 설득할 수 있을 때 비로소 "아, 나의 목적성이 최소한 바른 방향을 향해 가고 있구나" 하고 스스로 더 안심이 되기도 하고요.

확신과 더불어 유학을 가고자 하는 곳에 현재 있는 곳에선 얻을 수 없는 그 무엇이 있는지, 그리고 얼마 안에 그 목적을 달성할 것인지 세밀하게 청사진을 그려놓고 가는 걸 추천드려요. 일정한 타임라인을 가지고 있어야 집중력을 발휘해 그 기간 내에 내 노력을 쏟아부을 수 있게 돼요. "언젠간 해내면 되지 뭘 그리 치열하게 살아"라고 생각하는 사람도 있을 수 있지만 사실 무기한이라는 게 여유만을 가져다주지는 않거든요. "도대체 끝이 어디지? 난 언제까지 이러고 있어야 하지?"와 같은 무력감을 가져다주기도 하기에 나만의 타임라인을 그려놓고 그 안에 열심히 노력하시길 바라요. 이러한 마음가짐이 성공률 또한 높여줄 거라 생각해요. 물론 사람 일 어떻게 될지 그 누구도 알 수 없지만 최소한 내가 어떠한 방향성을 가져가는지 스스로 길을 그려놓아야 해요. 확신이 있다면 힘들고 지칠 때 방황하지 않고 내가 유학 시작할 때의 마음가짐을 들여다보며 초심을 잡는 데에 도움이 될 거예요.

실제로 제가 유학을 희망하는 친구들의 부모님들을 직접 뵙고 함께 설득하는 데 도움을 준 적이 몇 번 있는데요. 그때마다 제가 부모님들을 뵙기 전에 친구들에게 해줬던 말은 "네가 정말 유학을 해야 하는 이유는 무엇인지 적고 한국에서는 목적 달성이 불가능한 이유 또한 적어봐. 그리고 부모님께서 지금 현재 유학을 반대하시는 이유를 나열하고 그 부분들을 반박할 수 있는 너만의 근거와 자료를 만들어보는 게 어때?"였어요. 그리고 함께 부모님을 뵈러 갔을 때는 저는 솔직하게 유학의 좋은 케이스 그리고 나쁜 케이스 모두 말씀드리고 그래도 "○○이와 같은 마음가짐이면 괜찮지 않을까 싶어요"라고 말씀드렸었어요. 그 친구들 각자 나름대로 일정 기간 동안의 투자를 부모님께 부탁드렸고 "그 기간 내에 해내지 못하면 깔끔하게 포기하고 귀국하겠다"라고 약속도 드렸어요. 저 또한 그 친구들이 잘 해낼 것을 알았기에 함께 부모님을 뵙고 그러한 말씀을 드렸던 것이고요. 그 결과 정말 다행히도 다들 해외에서 자신이 바라던 바를 이뤄내며 잘 지내고 있답니다.

유학 필수템 그 두 번째는 소신

확신이 내가 유학을 하는 이유에 대한 목적성이라면 소신은 내 중심을 지키는 데 필요한 나의 가치관과 믿음이에요. Values 그리고 beliefs. 소신이 중요한 이유는 아무리 내가 확신이 있어도 유학을 할 때는 흔들릴 수 있는 유혹이 많고, 타지에 홀로 있는 만큼 유혹들에 쉽게 넘어갈 수 있기 때문이에요. 시간이 지남에 따라 목적이 흐려지기도 하고 혼자라는 외로움 때문에 약해지기도 하는데 이런 시기에 유혹이 있어도 내 중심을 지킬 수 있는 힘이 필요한 거죠. 스스로 생각하고, 내 기준에 부합하는지 판단한 후 맞다 그르다 당당하게 말할 수 있는 강단 말이에요.

이렇게 말한다고 해서 나와 다른 의견을 비난 혹은 배척하거나 본인의 할 말만 한다는 게 아니에요. "아, 그래. 너는 그렇구나. 난 이런데. 네 선택도 존중하지만 내 선택도 존중해 주길 바라"와 같은 마인드. 처음 대학에 들어가게 되면 "신입생 환영회가 있대! 선배들도 만나볼 수 있고 새로운 친구들도 사귈 수 있을 거야. 너도 같이 가자!"와 같은 다양한 초대를 받을 수 있어요. 처음 시작하는 대학 생활, 설레는 마음으로 응해도 좋죠. 하지만 술, 마약, 담배 등 다양한 유혹이 존재하는 환경에서도 절대적인 나만의 기준을 넘지 않을 수 있는 소신이 필요해요. 시끄러운 파티가 내 스타일이 아니라면 "가서 재밌게 놀고 와. 파티는 내 스타일이 아니라서 패스할게~"라고 말할 수 있는 단호함. 파티에 가서도 과하게 마시고 나 스스로를 보호하지 못하는 상황에 부닥치는 것이 아닌 "취할 것 같으니 이제 자제할게. 너희들이라도 재밌게 마셔~"라고 말할 수 있는 현명함. 이렇게 상대방의 다름은 온전히 인정하고 존중하되 내 중심을 지킬 줄 아는 성숙함은 유학 생활 중 나를 지키는 데 큰 도움이 될 거예요.

마지막은 어떠한 상황에서도 작아지지 않고, 나 스스로를 소중히 생각할 수 있는 자존감

확신과 소신이 있다고 해도, 해외에서 외국인으로서의 삶은 안정감이 결여될 때가 많아요. 모국어가 아닌 언어로 살아간다는 것도, 또 아무 이유 없이 우리 정체성 자체만으로 겪을 수 있는 인종차별 같은 것들이 우리 자존심에 스크래치를 주고 포기하고 싶게 만들기도 해요. 그때 필요한 게 자존감이에요. 내가 나를 소중히 여길 줄 알고 누가 뭐라 해도 "어쩌라고? 난 소중해"라고 할 수 있는 정신력과 "나도 열심히 살았기에 네가 뭐라고 할 것 없어"라고 털어버릴 수 있는 자신감 말이에요.

예를 들어 해외를 나간 지 얼마 안 되었을 때, 만약 누군가가 나에게 영어를 못한다고 무시한다면 갑자기 작아지는 느낌이 들고 움츠러들 수가 있어요. 이때 겁을 먹는다면 더 이상 밖에 나가서 영어 하기가 싫고 간단한 카페나 음식점에서의 대화도 싫고 그렇게 영어 울렁증이 생길 수도 있거든요. 영어를 잘 하려고 시작한 유학길인데 겁을 먹고 되려 영어 울렁증이 생기면 얼마나 속상하겠어요. 이런 경우에 처했을 때는 담담하게 또 당당하게. "나는 내 인생에서 영어, 중국어, 한국어 삼

개 국어를 습득하느라 영어가 모국어인 너만큼 못하는 게 당연해. 너는 그 에너지를 영어라는 언어 하나에 쏟은 건데 당연하지 않니? 너 나만큼 한국어 할 수 있어?"라고 무시할 줄 아는 깡. 그런 당연한 것도 모르고 시비를 거는 사람이면 이미 정서적 문제가 있는 사람이라 싸움이 날 수도 있으니 굳이 당사자에게 말하지 않아도 돼요. 다만, 말로 내뱉지 않아도 나 스스로에게는 저렇게 말해주며 상처받지 않을 수 있는 힘, 나 스스로를 내가 다독여 주고 지킬 수 있는 힘이 필요한 거죠. 내가 열심히 살아왔다면, 내가 나 스스로에게 당당할 수 있다면 흔들리지 않으면 돼요.

비단 영어뿐만이 아니에요. 아시아인이라는 타고난 정체성 때문에 길 가다가 인종차별을 당할 수도, 부모님이 당장 옆에 함께 계시지 않다는 이유로 무시를 당하는 경우도 있을 수 있어요. 아쉽게도 가족들은 한국에 계시니 이러한 상황들을 모두 전해드릴 수도 없을뿐더러 아시게 되면 마음 아파하실까 말하지 못하는 경우도 많아요. 그렇게 크고 작은 상처들이 나를 덮쳐올 때 홀로 잘 견뎌내야 하는데 이때 스스로 잘 다독여 줄 수 있어야 해요. 그래서 자존감이 참 중요하고요.

확신, 소신, 자존감 이 세 가지는 어려운 상황 속 저를 잡아주는 힘이 되었고, 여러분께도 분명 힘이 되어줄 거예요. 누구나 이런 걸 모두 갖추고 시작할 수 있는 건 아니지만 차근차근 노력하며 준비해 보아요. 분명 유학 중 나보다 목표를 조금 더 빨리 달성하는 친구에게 부러움과 시기 질투를 느낄 수도 있고, 유학을 포기하고 귀국하는 친구들을 보며 "나 또한 저런 길을 걷지 않을까"라는 불안감에 사로잡힐 수도 있어요. 이럴 때 확신, 소신, 자존감을 갖고 이렇게 생각하는 건 어떨까요? "저 친구 또한 열심히 고민하고 자신만의 길을 갔기에 저렇게 성공할 수 있었구나. 리스펙. 나 또한 지금처럼 올바른 방향성으로 나의 길을 가다 보면 터지겠지." 혹은 "저 친구가 잘못된 것, 잘못한 것이 아닌 유학은 자신과 맞지 않는 길이라는 판단이 섰나 보다. 나도 나의 최선을 다해서 이 길이 나의 길인지 치열하게 알아가야지." 롤러코스터와 같은 감정 기복에 휩싸이지 말고 나는 나답게, 묵묵히 자신의 속도로 길을 가 봅시다! 우리!

유학 준비 실전편: 비자, 홈스테이, 유학원

'유학을 가고 싶다!'라는 마음가짐이 준비되었다면 유학의 현실적인 필수 요소들에 대해 말해볼까 해요.

Q. 비자는 어떻게 준비해야 할까요?

가장 먼저 "비자는 어떻게 해야 하지?"라는 생각부터 들 거예요. 저를 포함한 제 주변에 유학을 준비하는 친구들 대다수가 비자를 준비하는 과정을 막막하게 생각하더라구요. 대학교 졸업 후 워킹 비자를 혼자 준비해 본 저로서는 "해볼 만하기는 합니다"라고 말할 수 있지만 나라마다 필요한 서류가 다르고 유학을 준비하는 과정에는 비자 서류 준비 말고도 준비해야 할 것들이 충분히 많으니 처음 준비해 보는 분들이라면 유학원에 맡기는 걸 추천드려요. 처음부터 맡기지 않고 혼자 준비하다 비자 준비가 늦어져 발생하게 되는 시간, 에너지 낭비보다 훨씬 효율적인 선택일 거예요. 1~3년마다 비자를 연장해야 하는데 매번 비자를 연장할 때 유학원에 맡기는 게 금전적으로 부담이 된다고 느낄 수 있어요. 그렇다면 처음 유학원에 맡길 때 그분들이 하는 걸 유심히 지켜본 후, 또 신규 비자 신청과 비자 연장 방법의 차이점을 미리 알아 두신 후 추후에는 직접 연장하는 것을 추천드려요.

또 한 가지 당부드릴 건 비자 관련 법들은 수시로 업데이트되니 분기별로 체크하시는 걸 추천드려요. 개정된 유학생 법에 저를 포함한 많은 학생들이 당황했던 사례가 있어요. 토론토 대학교를 졸업하는 것의 큰 장점은 졸업 후 3년의 워킹 비자를 받을 수 있다는 것인데요. 오랜 유학 기간 동안 비자 관련 중대한 사안이 바뀐 적이 없어 안일했던 2017년에 "자의로 휴학을 한 휴학생들에게는 졸업 후 워킹 비자가 발급되지 않는다"라는 법이 생겼어요. 유학생들에게 토론토 대학 졸업 후 부여되는 3년의 워킹 비자는 해외에서의 취업 기회를 주는 굉장한 메리트였죠. 그리고 토론토 대학교의 힘든 교육과정 특성상 한 번쯤은 휴학하는 것을 관례로 여기던 상황에 워킹 비자를 못 받게 된다는 것은 청천벽력 같은 소식이었어요. 그리고 설상가상으로 경영학도인 저는 당시 인턴 경험을 위하여 휴학 중이었던 터라 더더욱 당황스러운 소식이 아닐 수 없었어요. 새로 시행되는 개정안이기에 군대를 가기 위해 휴학한 학생들 또한 불이익을 받을 수 있다는 소문도 있었고 자의와 타의의 경계 또한 모호하여 유학생들에게 많은 혼란을 가져다주었고요.

시간이 지난 후에도 이 이슈는 졸업을 하고 워킹 비자를 신청하려는 학생들에게 많은 불안감을 주었죠. 이 사안을 자세히 알아보러 여러 비자 설명회와 오피스 미팅을 다녔던 저에게 돌아온 대답은 이건 민감한 문제이고 전례가 없기 때문에 확실한 답은 주기 어렵다였어요. 그렇기에 저 또한 졸업 후 워킹 비자를 신청할 때 불안했지만, 과도기에 휴학했다는 증명 서류와 법이 개정되었던 사실을 몰랐음을 증명하는 편지를 함께 제출했고 그 덕분에 다행히 워킹 비자를 받을 수 있었어요. 하지만 저와 같이 비슷한 시기에 휴학한 후 워킹 비자를 신청했던 제 친구는 안타깝게도 서류가 거절당했어요. 이런 것들을 보면 흔히 말하는 case by case처럼 나의 서류가 어떠한 검사관에게 배치되는지에 따라 결과가 달라지는 게 현실이더라구요. 코로나 등장 이후로 비자 관련 법은 더 자주 업데이트되고 있으니 항상 대비해 놓는 걸 당부드려요.

**Q. 지낼 곳은 홈스테이가 좋을까요?
학교 기숙사가 좋을까요?**

유학을 가게 되었을 때 어디에서 지낼지도 정말 큰 고민거리죠. 다양한 형태의 거주 방식이 있지만, 중고등학생의 경우를 생각해 볼게요. 중고등학생의 경우는 홈스테이와 기숙학교라는 가장 큰 선택지가 있는데요. 홈스테이는 친구들의 사례, 기숙학교는 제 경험을 토대로 설명드릴게요.

홈스테이 추천 케이스

"저는 제 홈스테이 생활에 정말 만족했어요. 유학 생활을 하다 보면 아이들이 잘못된 홈스테이 집에 가게 되어 유학을 실패하는 경우가 많은데, 대부분의 경우 집주인분들의 케어가 부족하기 때문에 그런 것 같더라구요. 다행히 저는 그렇지 않은 경우였는데, 제가 있었던 홈스테이의 주인은 전업 가디언·홈스테이 제공자였고 저희 가디언에게는 아이들을 맡기기 위한 웨이팅까지 있었어요.

그분들이 유학생 어머님들 사이에서 왜 그렇게 인기가 있었는지 그리고 제 기억 속에 아직까지도 홈스테이에 대한 기억이 왜 긍정적인지 생각해 보면 가디언 부부가 아주버님은 ROTC 장교 출신, 아주머님은 전 중학교 수학 교사로 학생들을 가르치셨던 분들이라 예절 및 예의 교육을 아주 철저히 하셨기 때문이에요. 학생들이 부모님보다 가디언 분들을 더 무서워했고, 밥상 예절 같은 사소한 것까지 가르쳐 주셨어요. 중학교 교사였던 가디언 아주머님은 혹시 몰라 한국으로 돌아가게 될 수도 있는 학생들이 한국의 커리큘럼에 뒤처지지 않도록 한국 진도에 맞춘 수업 또한 직접 진행해 주셨고요. 영어에 있어서도 학생들의 심리에 대한 높은 이해를 가지고 있으셨기에, 이 시기에 지의 영어 실력 또한 많이 향상될 수 있었어요.

매일 아침 7시에 기상해 학생들이 함께 CNN 뉴스를 보고, 학교 가는 차 안에서는 영어 교통 정보 라디오를 들었어요. 어린 학생들이 듣기에는 확실히 알아듣기도 어렵고 지루한 내용들일 수밖에 없었는데, 제게 굉장히 재미있었던 기억으로 자리 잡고 있는 이유는 가디언 분이 매일매일 그날 나온 뉴스에 대한 질문을 하셨고 맞춘 아이들에 한해서 등굣길에 팀홀튼에서 아이스 카푸치노와 도넛을 사주셨거든요. 동기부여가 될 수 있도록 저희에게 보상을 해주셨던 거죠. 이 외에도 저희를 자극해 주시기 위해 꾸준히 태도가 좋은 아이들에게 스페셜 코인을 주셔서 가장 많이 모은 아이에게 선물을 사주시는 등 정말 다방면으로 노력해 주셨어요.

이 외에도 학생들을 위한 체계적인 시스템을 구축해 두셨는데 몇 가지를 공유 드리면,

1. 한 가지 이상의 악기를 배우게 하셨고 일주일에 정해진 시간 동안 연습을 하도록 지도해 주셨어요.
2. 영어 필기체 쓰는 법을 가르쳐 주셨고 일주일에 최소 한 권의 독서를 한 후 필기체를 사용하여 독후감을 쓰도록 하셨어요.
3. 주말마다 CN타워, 토론토 최대의 놀이공원인 원더랜드, 알곤 퀸, 나이아가라 등 일주일에 한 번씩 꼭 저희를 데리고 관광을 다니셨어요.
4. 주말마다 뒷마당 테이블 만들기, 신발장 조립하기, 자연 캠핑하기 등 서구권 가정에서 체험할 수 있는 활동들을 기획하셨어요.

분명 빡빡한 스케줄과 '게임은 금요일 하루만'과 같은 통제된 삶에 대

한 압박으로 1년 이상 꾸준히 있기 힘들어하는 학생들도 있었지만, 시간이 지나 돌이켜 보니 이렇게 학생들 개개인의 역량을 잘 파악해서 목표를 세워주고 확실한 보상제도와 다양한 활동 기획을 통해 아이들이 스트레스를 풀 수 있도록 한다는 게 결코 쉬운 일이 아님을 깨달음과 동시에 그런 곳에서 홈스테이를 할 수 있었음에 참 감사하더라구요."

이 친구와 같이 홈스테이에 대한 추억이 좋은 친구가 있는 반면 그렇지 못한 친구들도 있어요. 다른 케이스의 이야기도 들려드릴게요.

홈스테이 비추천 케이스

"저는 저의 유학 생활을 뒤돌아보면 어렸을 때 홈스테이의 기억으로 암울해져요. 홈스테이를 구하는 방법도 유학원을 통해 자동으로 매칭되는 시스템, 직접 알아보고 가는 시스템 등 여러 가지가 있는데 저는 지인의 추천으로 가게 되었어요. 유학 보내며 딸을 잘 부탁드린다는 저희 부모님의 진심 어린 부탁과, 선한 웃음으로 걱정 마시라고 하시던 가디언의 모습과 함께 시작한 홈스테이 생활.

처음엔 괜찮은 듯하였는데 갈수록 밥이 부실해지고 가디언 딸에게만 간식을 챙겨주고 제가 질문을 드리면 귀찮아하는 게 느껴지는 등 알게 모르게 저를 차별하시는 게 느껴지기 시작했어요. 그게 저만의 억측이 아니라는 걸 알게 된 건 그해 겨울이었는데, 날이 추워지자 방이 너무나도 추워서 가디언분께 말씀드렸더니 보일러가 고장 나서 어쩔 수 없다고 하시더라고요. 또 얼마 지나지 않아 샤워를 할 때 따뜻한 물이 나오다 끊기는 일이 잦아져 말씀드렸더니 같은 맥락으로 안 된다고 하셨어요. 추운 날과 추위에 덜덜 떨며 잠드는 날들이 지속되던 어느 날 복도 반대편의 가디언의 딸의 방에 들어가게 되었는데 공기가 다른 게 살갗으로 느껴졌어요. 저의 방에는 없는 온기에 설마설마했는데, 혹시나 해서 "너도 샤워할 때 춥니?"라고 질문하자 되려 무슨 소리를 하냐는 듯 저를 이상하게 쳐다보는 그 친구의 표정에 서러움이 물밀듯 밀려왔습니다.

몇 달간의 고통을 더 이상 참지 못하고 그제야 부모님께 울면서 털어놓았어요. 제가 잘 지내고 있기를 바라는 부모님이셨기에 괜히 걱정을 끼쳐드릴까 말씀도 못 드리고 있었는데, 그 어렸던 저는 뭐가 그리 두려웠던 걸까요. 제 이야기를 모두 듣고 너무나 화가 나신 저희 부모님께서 바로 저를 그 집에서 나오게 하셨고, 사실을 파헤쳐 보니 가디언 분이 제 방 쪽의 보일러만 꺼놓은 것이었다는 사실에 저는 또다시 충격을 받을 수밖에 없었어요. 가장 편해야 할 곳인 집에서 눈치를 보며 소외된 기분으로 살아간다는 것, 집이 벗어나고 싶은 지옥이 되는 순간 유학 그리고 홈스테이에 대한 기억이 트라우마로 남게 되었어요."

여기까지가 제 친구들의 홈스테이 경험 케이스. 유학하며 학교의 기숙사에서 살았던 제가 생각하는 기숙사 생활의 장단점은 다음과 같아요.

기숙학교의 장점

가장 첫 번째는, 친구들과 끈끈한 관계 형성이 가능하다는 점. 저의 고등학교 때 좋았던 추억들을 생각해 보면 많은 기억들의 배경이 기숙사예요. 하루 종일 부대끼면서 함께 공부한 친구들과 저녁에는 기숙사에서 신나게 떠들며 놀 수 있다는 건 정말 큰 행복이었어요. 같은 나이대에 비슷한 고민과 설렘을 공유할 수 있는 상대가 항상 손에 닿는 거리에 있다는 건, 그만큼 더 진한 교감과 밀도 있는 추억을 쌓을 수 있다는 뜻이었죠. 사소할 수도 있는 그 순간들이 겹겹이 쌓여 제 학창시절을 만들어주었고, 그들은 지금 저에게 절대 없어서는 안 되는 친구들이 되었답니다. 가장 감정 기복이 심할 때, 그리고 제 가치관을 형성하던 그 시기에 많은 힘이 되어준 그 친구들은 단순히 친구를 넘어 지지자이자 가족이에요. 평생 함께할 동반자들을 얻을 수 있다는 점은 제가 가장 강조하고 싶은 기숙학교의 장점이기도 하고요.

기숙학교의 두 번째 장점은, 모든 학생이 함께 기숙학교에서 생활하기 때문에 사교육의 가능성이 배제되어 공정한 경쟁이 가능하다는 점이에요. 기숙학교가 아니라 하교 후 각자의 홈스테이 집이나, 한국처럼 부모님이 계신 집으로 돌아갔다면 저희의 종착지는 기숙사기 아닌 학원이었겠지요. 놀랍겠지만 해외에도 학원이 존재한답니다. 그리고 그 숫자는 점점 늘어나는 추세고요. 하지만 기숙학교에서는 학교 외의 교육이 없으니 같은 조건 아래 노력하는 아이들이 그에 마땅한 결과를 가져갈 수 있다는 게 참 공평하고 이 점이 기숙학교의 또 다른 좋은 점이라고 생각해요. 오전 수업, 점심시간, 오후 수업, 저녁 시간, 야간 자습 그리고 기숙사로 돌아와 취침. 같은 스케줄과 조건 아래 어떠한 친구들이 더 효율적으로 시간을 활용하고 더 많은 노력을 기하는지에 따라 성적이 결정 난다는 게 좋았어요. 그때 당시 순위권을 차지하는 대부분의 친구들 모두 기숙사에 돌아가서도 더 열심히 공부하는 친구들이었거든요. 돈과 지름길의 꼼수가 통하지 않는 곳에서 경쟁할 수 있는 건 기숙학교의 두 번째 장점이에요.

　마지막은 기숙학교에 살면 등하교 때 드는 시간과 에너지를 절약할 수 있다는 점이에요. 고등학교 대부분의 경우 기숙사가 학교 내에 위치해 있어요. 학교 건물과 기숙사 건물까지의 거리는 걸어서 3분 거리이고, 뛴다면 1분 거리예요. 그러니 등하교 때 불필요한 동선과 에너지를 줄일 수 있는 건 큰 장점이죠. 학창 시절 때부터 항상 이렇게 가까운 거리에서의 이동이 익숙해서인지 저는 시간이 금이라는 걸 몸소 체험할 수 있었고 그때의 영향으로 지금도 사는 곳을 고려할 때 원칙이 '통근 시간이 적게 드는 곳'이랍니다. 아침에 일어나 목적지까지 도착하는 시간이 길면 길수록 에너지 소모가 크고 정작 공부를 시작하려 할 때 그리고 일을 시작하려 할 때 시작부터 지쳐버리게 돼요. 일분일초가 소중하고 체력이 경쟁력인 학창 시절, 기숙사에 살면서 시간과 체력을 아낄 수 있다는 건 정말 큰 장점이죠.

기숙학교의 단점

이제 기숙학교의 단점을 들여다보면 첫 번째는 영양 부족 및 체력 저하예요. 지금도 주위를 살펴보면 많은 유학생들의 몸이 비교적 허약한 경우가 많아요. 시간이 지날수록 어렸을 때 제대로 챙겨 먹지 않은 데에서 오는 여파는 커져가는 것만 같고요. 왜 그러냐고요? 많은 경우 기숙학교가 자율 배식 시스템을 갖추고 있기 때문이에요. 저의 고등학교를 예시로 들자면, 뷔페 형식의 급식 시스템을 구축하고 있었어요. 다양한 선택지가 있다는 것은 좋지만 특별하다 할 관리 없이 학생들이 먹고 싶은 것만 선택하여 먹으니 영양 부족으로 이어지는 경우가 많죠. 당시에는 어리고 체력이 짱짱할 시기이니 신체에 즉각적인 반응이 오지 않았지만, 10년 정도가 지나 20대 중반 정도가 되었을 때는 확연한 체력 차이가 보이더라고요.

또한 고등학생, 대학생 시기인 만큼 외적인 요소에 많은 신경을 쓸 때라 과도한 다이어트를 한 것도 한몫해요. 부모님과 함께였다면 아무리 먹지 않으려 해도 걱정이 되셨을 부모님은 등짝스매싱을 날리시며 입에 밥을 쑤셔 넣어주셨을 거예요. 하하. 하지만 그러한 부모님의 관리기 없으니 살찌기 싫다며 음식을 조금씩 먹어 영양 부족으로 이어지는 경우가 많아요. 현재 제 주변의 유학한 친구들을 보아도 20대 중반에 들어서자 영양제 없이는 하루를 버티기가 힘들어진 케이스, 골다공증, 저질 체력 등 다양한 잔병치레를 하는 친구들이 많답니다.

기숙학교의 두 번째 단점은 관리 부재예요. 아직 가치관이 확립되지 않은 아이들 또 한창 게임과 친구들과 노는 것에 관심이 많은 아이들이 효율적인 시간 관리를 하지 못할 수도 있다는 점이에요. 홈스테이나 부모님이 함께 온 친구들은 옆에서 부모님과 가디언의 밀착 케어가 가능하죠. 지각하지 않게 학교에 데려다주는 것부터 시작해서 그들의 스케줄 관리와 학업 관리 등 모두 관심 깊게 봐줄 수 있어요. 하지만 이와 달리 기숙사는 학교 특성상 사감 선생님께서 여러 명의 아이를 케어하는 구조니 한 명의 아이에게 집중되는 시선이 그만큼 줄어들게 되죠. 이는 학생들의 어려서부터 주체적인 시간 관리라는 긍정적인 측면이 있을 수도 있지만, 청소년들에게는 양날의 검이 될 수 있죠. 목표 의식이 뚜렷한 아이들은 주어진 시간을 최대의 효율로 활용하여 학업에 정진하고 자신의 꿈을 찾아가는 반면, 어떠한 아이들은 같은 시간을 몰래 게임하고 드라마와 영화를 보는 데 모두 소진해 버릴 수 있기 때문이죠. 사감 선생님께서 어느 정도의 통제는 할 수 있겠지만, 특정 한 명만 케어하는 것은 무리이고 또 방황하는 청소년기의 아이들을 막을 수 있는 건 여간 어려운 일이 아니니 올바른 방향성을 제시해 줄 수 있는 어른의 부재란 기숙학교의 위험 요소가 될 수 있어요.

기숙학교의 마지막 단점은, 친구들과 사이가 소원해졌을 경우 그 스트레스가 하교 후에도 계속된다는 점이에요. 친구와 함께 24시간 함께 할 수 있어 예쁜 추억을 만들 수 있다는 게 제가 생각하는 기숙학교의 가장 큰 장점인 만큼, 이게 기숙학교의 단점이 될 수도 있다는 게 마음 아프기는 하지만 역시나 인간관계가 가장 복잡하지요. 질풍노도의 시기에 친구와의 싸움은 엄청난 감정의 소용돌이로 다가오는데, 도망가고 싶은 그 감정과 24시간 마주해야 한다는 건 그야말로 고통이에요. 내가 사과를 해야 하나 상대방이 사과를 할 때까지 기다려야 하나, 내가 잘못한 게 맞긴 한 걸까, 지금 내가 고민하고 있는 이 순간에 다른 애들한테 가서 내 욕을 하고 있으면 어떡하지? 모든 게 와전되면 나는 어떡하지? 등 지옥의 서막일 수 있어요. 정말 다행히 제가 '내 사람'이라고 부를 수 있는 친구들은, 서로 불화가 있더라도 그 자리에서 당사자에게 직접 터놓고 말하고 저희끼리 해결하는 스타일이라 괜찮았지만 정말 고통받는 친구들을 본 적이 있어요. 그 무리의 친구들은 굉장히 뒷말하기 좋아하는 친구들이었는데요. 6명 정도가 모여 있으면 서로 화장실 간 사이에 뒷담을 할까 봐 화장실 가기가 무섭다고 하더라고요. 그 말을 듣는데 얼마나 안쓰럽던지요.

이와 같이 다양한 점을 고려하여 여러분에게 알맞은 거주지를 현명하게 결정하실 수 있길 바라요. 그렇다면 이제 유학원 이야기를 해볼까요?

Q. 유학원에 준비 과정을 맡겨도 될까요?

유학원을 추천해 드리고 싶은 두 가지 경우는, 주변에 유학 경험 혹은 해외 경험자가 없어 유학 준비를 어떻게 시작해야 할지 막막한 사람 그리고 주변에 유학 경험자들이 있다 해도 전문가에게 가장 최근 업데이트된 유학 정보를 얻고 싶은 사람의 경우예요.

유학원을 추천드리는 이유는 보다 빠른 시간 내에 유학 정보를 얻을 수 있으며 시시각각 변하는 유학 관련 정보와 법률에 대비할 수 있기 때문이에요. 다만 유학원이 주는 장점을 십분 활용하기 위해 유학원 방문 전 아래 두 가지 항목들을 준비해 가시기 바라요.

첫째, 내가 가고자 하는 지역 또는 학교에 대한 최소한의 배경 지식을 갖춘 후 방문할 것. 이를 통해 내가 스스로 찾았던 정보의 소스가 맞는지 체크하고 유학원의 정보가 얼마나 최신 정보인지 확인할 수 있어요.

두 번째, 내가 유학원을 통해 얻고자 하는 정보는 무엇인지 정리하고 유학원에 투자 가능한 경제적 상황에 대한 인지가 되어있는 상태에서 방문할 것. 내가 유학원을 방문하는 목적이 무엇인지조차 정리되어 있지 않은 상태에서 방문한다면 유학원에서의 한두 시간이 두서없는 정보의 바다가 되어버릴 수 있어요. 내가 혼자 유학 정보를 찾을 때 얻을 수 없었던 정보가 무엇이고 그럼 나는 무엇이 궁금한지. 유학원과 함께 유학 과정을 준비한다면 나 홀로 준비할 때와 어떠한 차별점이 있을지 면밀히 따져보세요. 유학원과 함께하는 게 더 나은 선택이라 생각한다면, 나는 유학원에 또 얼마나 투자할 수 있는지 고민해 보는 것도 필수겠죠.

이러한 방법으로 유학원을 방문한다면, 전문가분들도 한정된 시간 내 여러분의 니즈를 파악하는 데에 시간을 할애하지 않고 여러분께 가장 알맞은 정보를 제공하는 것에 초점을 맞춰 시간을 효율적으로 사용할 수 있겠죠.

맹목적인 신뢰는 지양하되 상담을 통해 본인 스스로 준비할 수 있겠다는 다짐이 든다면 세부 사항은 직접 알아보시고, 전문가의 손길이 필요하겠다 싶으신 분들이라면 유학원과 유학 과정을 준비하시길 추천드려요. 다만 유학원과 함께 준비할 때에 유학원에 모든 걸 맡긴다는 자세보다는 나의 파트너가 생겼다는 설레는 마음으로, 적극적인 태도로 그 과정을 함께해야 해요. 유학생의 많은 경우 유학 중 불미스러운 일이 일어났을 때 유학원을 탓하는 경우가 많더라고요. "유학원에서 이렇다고 했어. 유학원에서 이렇게 하면 된다고 했단 말이야." 등등. 남을 탓하기보다 나의 노력도 들어간 준비 과정이라면 그만큼 더 큰 확신과 책임감으로 유학길에 임하게 되지 않을까요?

언어 공부에 대한 모든 것

Q. 언어를 꼭 준비해서 가야 하나요?

유학은 독일, 일본, 영국 등 다양한 선택지가 있고 선택에 따라 배워야 하는 언어 또한 다르죠. 여기에서는 미국 유학이라는 상황을 예시로 들어볼게요. 주변을 보면 어학연수, 워킹홀리데이를 생각하며 "영어? 외국에 있는 어학원에서 배우면 되지"라는 생각으로 언어 준비를 소홀히 해오는 경우가 있어요. 하지만 저는 유학 오기 전 어느 정도 새로운 언어에 대한 기본기를 다져오는 것을 강력히 추천드리는데요. 그 이유에는 크게 두 가지가 있답니다.

한국만큼 한국인을 위한 사교육이 잘 되어있는 곳은 없다

어느 언어든지 기본기를 다지는 것이 가장 어렵고 시간이 걸리는 과정이에요. 그런데 이 부분을 외국어로 습득하는 것보다 한국에서 모국어로 보다 쉽게 다진 후 유학을 시작한다면 바로 실전 연습 및 응용이 가능해 영어 실력 향상에 가속도가 붙을 거예요. 어학원도 또 다른 형태의 사교육인데, 단언컨대 세계에서 한국만큼 한국인에게 특화된 사교육의 시스템은 없다고 생각해요. "한국 학원에 가도 애들끼리 노닥거리기만 하던데요?"라고 생각하신다면 그건 분명 부모님들께 등 떠밀려 온 아이들이기 때문이죠. 그런 아이들끼리 모여 있으면 능률이 안 오르는 것은 당연지사. 지금 이 책을 읽고 있는 여러분들처럼 유학에 대한 의지가 있는 분들이 학원을 간다면 분명 많은 도움을 받을 수 있을 거예요. 어느 나라든지 그 나라의 언어를 충분히 연습해 놓고 이제 실전이 필요하다 싶을 때 해외에 나가는 것을 추천드려요.

준비한 만큼 자신감이 생긴다

인터뷰 준비할 때의 상황을 생각해 보죠. Meta 인터뷰를 준비할 때의 일이에요. 저는 인터뷰를 보기 전 그 회사에 대한 이해를 십분 하고 가려고 해요. 맡게 될 직무에 대한 이해를 시작으로 회사 이념과 주력 상품, 최근 3년간의 재무제표 또 그 기업이 걸어온 역사까지. Meta의 인터뷰를 준비할 때도 동일했는데 제가 좋아하고 관심 있는 소셜 네트워크 서비스(SNS) 분야인 만큼 그 준비 과정이 재미있었어요. 분명 인터뷰에서 이 모든 정보를 물어보지는 않겠지만, 핵심은 "어떠한 질문이 나와도 내가 대답을 할 수 있다"라는 마인드셋으로 인터뷰장을 들어갈 때 자신감이 생긴다는 것이에요. 이 자신감의 유무는 사람의 눈빛과 아우라부터 바꿔주는 마법과도 같죠. 유학에 임할 때도 마찬가지예요. 해외를 나가 마주할 다양한 변화 중 일상생활의 큰 부분인 언어가 준비되어 있을 때, 출발 선상에서 내가 준비되어 있다는 마음가짐은 새로운 곳에서 적응하는 '나'에게 큰 도움이 되어줄 거예요.

Q. 가장 기억에 남는 외국의 교육과정이 있었나요?

지금 생각해 보아도, 아니 시간이 지날수록 "와… 이건 정말 학생들을 진심으로 위하는 획기적이고 멋있는 교육이다"라는 생각이 들게 하는 프로그램이 있었어요. 제가 미국에서 Gilchrist라는 로컬 초등학교를 다닐 때, 그 학교에는 특별한 독서 프로그램이 있었죠. 학교 측에서 얇고 짧은 책, 두껍고 어려운 책 등등 책마다 난이도를 정하고, 책 겉표지에 난이도 별 동그란 색깔 스티커가 붙어있었어요. 가장 쉬운 책인 흰색부터 시작해서 노란색, 초록색, 파란색, 빨간색, 갈색 등등. 그리고 학생마다 레벨 테스트를 진행해 개개인의 영어 레벨을 파악하고 그에 맞는 색깔과 독서량이 정해졌죠. 그리고 한 달에 한 번 그 독서량을 채우면 특별한 파티에 참석할 수 있는 초대장이 주어지죠. 그 파티의 테마는 스낵 파티, 영화 파티 등 매번 다르게 기획되었고요.

특히 그중에서 가장 기억에 남았던 파티가 있는데요. 당시 굉장히 젊으셨던 교장 선생님께서 그달 목표 독서량을 달성하는 친구들이 전교생의 몇 프로를 넘기면 삭발을 하겠다! 라는 파격적인 제안을 했고 그것이 자극제가 되어 전교생이 정말 열심히 책을 읽었죠. 놀랍게도 학생들은 교장 선생님께서 제시한 퍼센티지를 달성했고 바로 다음 파티에서 교장 선생님은 삭발 쇼를 진행하셨어요! 한국에서는 정말 상상할 수 없는 방식의 교육 방법이었달까요? 이 교육법이 너무나도 기억에 남는 이유는 다양한 흥미로운 방법으로 학생들에게 독서를 격려하고 독서는 즐거운 것이라는 걸 무의식 중에 자연스럽게 심어주는 과정이었다는 점이에요.

  독서 여부를 증명하는 과정도 굉장히 특이했는데요. 독후감이나 일지를 작성하는 것처럼 일반적인 방법이 아닌 책마다 퀴즈가 있어서 그 퀴즈를 통과하면 독서 기록이 남게 되는 거예요. 한 권을 읽을 때마다 컴퓨터 앞에 앉아 긴장되는 마음으로 퀴즈에 임하던 제 모습이 기억에 남네요. 이 모든 과정을 되짚어 생각해 보면 정말 놀라움의 연속이더라고요. 도서관에 있던 셀 수도 없이 많은 책들을 난이도별로 나누어 하나하나 스티커를 붙였다는 정성도, 한 권 한 권마다 퀴즈를 제작했다는 점도, 그리고 학생들이 참여하고 싶은 파티를 기획하기 위해 열심히 머리를 싸매셨을 선생님들의 고뇌도. 초등학생 때는 한글로 된 책도 싫어하던 저였는데, 도장 깨기와 같던 성취감에 재미가 붙어 흰색에서 노란색, 노란색에서 초록색으로 점점 더 어려운 책을 읽으려 도전하던 제 모습이 기억나요. 정말 충격적이고 감탄할 수밖에 없는 참된 교육, 그러한 경험을 할 수 있었다는 게 참 감사하죠. 그렇다면 책을 읽을 수 없을 정도로 영어를 못해 속상했던 순간은 없었을까요? 바로 다음 질문에서 답변드릴게요.

Q. 영어를 못해 속상한 순간이 있었나요?

제가 처음으로 유학을 가게 된 건 10살 때예요. 알파벳을 갓 배우고 단어 몇 개, 문장 몇 개만 구사할 수 있는 수준이었죠. 호기로우신 저희 아버지는 그런 저를 로컬 학교로 보내셨는데요. 조회 시간에도 무슨 말인지 못 알아들어 멀뚱멀뚱하니 앉아있고, 애들이 말하는 건 인사 밖에 못 알아듣는 저였죠. 그런 순간들이 답답했지만 제가 영어를 못해 속상했던 건 이런 순간이 아니었어요.

바로 위 질문 'Q. 가장 기억에 남는 외국의 교육과정이 있었나요?'의 도서관 책 난이도 중 10살 친구들은 최소 초록색 스티커가 붙여진 책들을 읽었어요. (책 스티커 난이도: 흰색-노란색-초록색-파란색-빨간색-갈색… 순) 그때 제가 읽을 수 있었던 책들은 흰색뿐이었어요. 심지어 흰색 책도 띄엄띄엄 읽을 수 있어 한 권을 읽는 데 하루 온종일이 걸리던 때였죠. 그러던 어느 날, 여느 때와 같이 저와 가장 친한 친구 Courtney가 제 옆에서 책 읽는 걸 도와주고 있었어요. 그때 지나가던 저희 반의 남자아이가 아주 큰 소리로 저를 향해 그러더군요.

"How are you still reading white books? Can't you read?"
"너는 어떻게 아직도 흰색 책을 읽어? 너 글 읽을 줄 몰라?"

악의 없이 호기심에 물어봤을 수도 있는 그 질문이 제 세상을 바꿔

놓았어요. 정말 그 전까진 아무런 창피함도 쑥스러움도 느끼지 못했던 저였는데, 그 순간 도서관에 있던 모든 아이들이 저를 쳐다보는 것 같더라고요. 그 눈빛 속에는 비웃음이 보였고 세상에서 가장 바보가 된 것만 같은 기분이었죠. Courtney가 바로 소리를 치며 그 친구에게 욕을 하고 저를 지켜줬지만 이미 이 세상의 모든 창피함이 저를 덮친 후였어요. 그 어떤 소리도 들리지 않았어요. 책을 버리고 쥐구멍으로 숨고만 싶었죠. 영어를 접한 지 얼마 되지 않아 영어를 못하는 건 당연한 건데, Courtney가 저를 지켜주듯 저 또한 스스로를 지켰어야 하는데 어렸던 저는 그런 담대함과 당당함이 없었죠. 그 순간이 영어를 못하는 저 자신이 가장 창피했고 제 실력에 속상했던 순간이었어요.

물론 그 후 정말 악착같이 노력해 그런 말이 쏙 들어가게끔 영어 실력을 끌어올렸지만, 이런 아픔의 순간이 있었기에 제가 여러분께 유학 시작 전 영어 실력을 준비해 놓으시라고 강조하는 것이기도 해요. "유학길에 오르기 전에 나 스스로를 지킬 수 있을 정도의 영어 실력을 준비해 가자!"

Q. 어떻게 하면 영어를 잘할 수 있나요?

"영어를 준비해 가야 한다!"라고만 말하고 영어를 어떻게 하면 빨리 잘할 수 있는지 말씀드리지 않으면 말이 안 되겠죠? 그래서 'HOW'를 공유하려 해요. 앞서 말씀드렸듯 단어 몇 개, 문장 몇 개만 구사할 수 있는 수준이었던 저였기에 더 자신감 있게 저만의 노하우를 말씀드릴게요.

영어를 잘할 수 있는 가장 큰 비법은 '간절함'이라고 생각해요. 영어를 배우고자 하는 열정, 영어를 잘하고자 하는 마음가짐 말이에요. 제 책을 읽고 계신 여러분이라면 유학을 체계적으로 준비하고자 하는 분들이기에 기본적으로 그러한 마음가짐은 준비되어 있다고 생각해요. '내가 영어를 가장 잘하고 싶어 했던 순간은 언제였을까?' 생각을 해보니 바로 위의 질문에서 말씀드렸던 '같은 반 친구에게 놀림을 당했던 순간'이었어요. 그때 가장 영어에 대한 갈망이 커졌고 이 느낌을 다시는 느끼고 싶지 않다면 내가 배우지 않으면 안 되겠다는 오기가 생겼어요.

그때 당시 제 영어 실력은 같은 나이의 원어민 친구들과 격차가 있었기에 같은 반 친구들과 함께 영어 수업을 들을 수 없었어요. 대신 저희 초등학교엔 저와 같이 영어가 익숙하지 않은 외국인 친구들을 위한 ESOL(로컬 학교 내 영어가 익숙치 않은 외국인들에게 영어를 가르쳐 주는 프로그램)반이 있었어요. 그곳에선 기초 단계부터 영어를 배울 수 있었죠. 재미있게 배울 수 있고 좋은 프로그램이었지만 저는 같은 반 친구들과 함께 수업을 듣지 못하는 것이 너무 싫더라고요. 더 많은 시간을 함께해야 더 빨리 친해지고, 많은 추억을 쌓을 수 있으니까요. 그래서 ESOL 교실에서 수업을 듣는 시간을 최대한 줄이기 위해 정말 열심히 했답니다. 그럼 이제 제가 영어를 즐기고 사랑하게 된 방법은 무엇이었는지 말씀드릴게요.

첫 번째 'Know yourself and find something that suits you'

나 스스로에 대한 깊은 이해를 통해 나 자신을 알고, 나에게 맞는 공부법을 찾는 것. 공부는 엉덩이 싸움이라고 하잖아요? 그만큼 지속성이 중요한 건데요. 이는 나 스스로가 공부에 재미를 느낄 때 극대화되죠. 그러기 위해선 나의 스타일을 파악하고 나에게 잘 맞는 공부법을 찾는 게 급선무예요. 나에게 맞는 공부법을 찾는 건 어떻게 가능할까요? 다양한 공부법을 시도해 보는 게 중요해요. 세상에 참 많은 공부법이 존재할 텐데 어떻게 모든 공부법을 시도해 볼 수 있냐고요? 다행히 저희는 모든 것을 저희가 직접 알아가야 하는 조선시대에 살고 있는 게 아니에요. 요즘 같이 정보가 많은 세상을 'Ocean of information'이라고 하는데, 이렇게 정보에 둘러싸여 있는 우리 세대의 장점을 누리자는 말이죠. 서점에 가도 영어 공부법에 대한 책이 널려있고, 인터넷상의 유튜브, 블로그와 같은 매체에 '영어 공부법'만 찾아봐도 여러 전문가들의 다양한 관점을 들여다볼 수 있어요. 여러 자료 조사를 통해 공부법을 정리해 보면 그중 흥미가 끌리는 공부법을 몇 가지 찾을 수 있을 거예요.

공부 방법을 찾았다면, 어떠한 자료를 기반으로 공부를 할지도 중요하죠. 내가 배우고 싶은 영어 스타일에 따라서 다양한 자료를 활용할 수 있는데, 몇 가지 예를 들어드릴게요.

1. 일상생활에서 쓰는 영어를 배우고 싶다면 〈에밀리 인 파리〉, 〈프렌즈〉, 〈가십 걸〉과 같은 드라마 시리즈물
2. 최근 유행하는 트렌디한 영어를 배우고 싶다면 내가 좋아하는 외국 유튜버의 영상
3. 외국인과의 1:1 대화에 중점을 두고 싶다면 '오프라 윈프리 쇼'와 같은 토크쇼
4. 심도 있고 전문성 있는 영어를 배우고 싶다면 'TED talk'와 같은 프레젠테이션 영상
5. 한국에서 배우는 영어와 미국에서 실제 쓰이는 영어 차이를 배우고 싶다면 외국인이 운영하는 인터넷 강의

나에게 맞는 공부 방법을 찾고, 마음에 드는 자료를 추려서 실천해 보세요. 그것이 영어가 빨리 늘 수 있는 첫 출발점이랍니다.

두 번째 'Practice it using your senses'

나에게 가장 잘 맞는 영어 공부 방법을 찾았다면 이제 연습을 해야겠죠? 연습하되 최대한 다양한 감각을 이용하는 것. 그것이 영어를 빨리 배울 수 있는 두 번째 방법이에요. 물론 흰 종이에 영어 단어를 계속 써 가며 외우는 것도 좋지만 손으로만 쓰면서 외우기보다는 온몸의 다양한 감각을 활용해 몸이 영어를 기억하게 하는 반복 학습이 훨씬 효과적이에요. 예능 프로그램들을 보면 가수들이 10년 전 안무도 기억해서 추는 모습들을 보고 놀라잖아요? 몇 달 몇 년을 연습하고 무대에 섰던 안무들은 머리로는 잊은 것 같아도 몸의 근육들은 기억하는 거죠. 영어

도 우리의 몸이 무의식 중에도 기억을 하게끔 만들어주면 되는 거예요. 자세한 설명을 위해 '내가 좋아하는 외국 유튜버 영상을 활용하여 영어 공부 하는 상황'을 예시로 들어볼게요.

   1. 영상의 전체적인 흐름 파악하며 보기
   2. 영상 속 배우고 싶은 영어 표현 따라 하기
   3. 영상 화면을 가리고 소리만 다시 듣기: 영어의 악센트와 높낮이에 집중하며 들어주세요. 듣기 실력 향상 및 발음 공부에 효과적입니다.
   4. 소리에 집중하여 다시 한번 따라 하기
   5. 영상 화면을 키고 영상 속 등장인물의 눈빛, 표정, 제스처에 집중하며 다시 보기
   6. 영상 속 주인공이 된 것처럼 따라 하기: 이미지 트레이닝을 하는 과정

이렇게 하나의 영상을 보아도 다채로운 반복 과정을 통해 나의 몸이 기억하는 장기기억력으로 만들어주는 게 중요해요. 그중에서도 마지막 여섯 번째의 과정이 참 중요한데요. 아무리 영어 공부를 열심히 해도, 한국에서는 영어를 사용할 기회가 많이 없어 막상 해외에 나가 외국인을 만나면 굳어버리는 친구들이 많이 있어요. 그런 경우를 방지하기 위해 내가 영상 속 그 공간에 가 있는 듯한 이미지 트레이닝을 해주는 과정이에요. 이는 대학교 때 시험 준비를 하며 제가 항상 쓰던 방법이기도 해요. 시험장에 들어갔을 때 시험장에 적응하는 시간을 최소화함으로써 주어진 두세 시간을 최대한 활용할 수 있도록, 시험 2주일 전부터

는 공부 환경도 시험장과 비슷하게 그리고 입는 옷 또한 시험 볼 때 입고 갈 옷 스타일로 입으며 공부했어요. 이를 통해 시험을 볼 때도 "그래. 내가 항상 공부했던 방식대로 편안하게 집중하자"라는 마인드로 임할 수 있었어요. 여러분 또한 어떠한 상황에 처해도 "그래. 나, 이 상황 대비했었어"라는 자신감으로 최대한 빨리 적응을 할 수 있게끔 실전처럼 외국인과 함께 있다는 생각으로 연습을 하는 걸 추천드려요.

3, 5번은 보다 더 자연스러운 영어 표현을 위해 강력히 추천드려요. 한국에서만 영어를 배우게 되면 듣기, 읽기, 쓰기 실력은 훌륭하게 기를 수 있으나 말을 할 기회가 많이 없어 영어 회화를 할 때 자연스러움이 결여될 수 있는데요. 그런 부분에서 가장 큰 효율성을 높일 수 있는 방법은 닮고 싶은 영어를 나의 것으로 만드는 것이 가장 좋은 방법이더라고요. 한국에서는 모든 발음을 정확하게 내도록 배우지만 외국 친구들은 일상생활에서 그렇지 않다는 것을 알고 내가 좋아하는 그들의 발음과 억양을 최대한 유사하게 나의 것으로 만드는 과정이 필요해요. 특정 표현법이 어떠한 상황에서 어떠한 표정으로 쓰이는지 알고, 그 표현법이 어떠한 뉘앙스와 분위기를 형성하는지 이해해 보는 거예요. 영상 속에 나오는 사람들처럼 따라 하게 되면 실전에 갔을 때 외국인들도 '어라? 이 친구는 영어가 굉장히 자연스럽네?'와 같은 생각으로 여러분께 이질감을 덜 느낄 거예요.

명심할 건 공부의 지속성을 위해 재미를 끝까지 가져가는 것이 중요하니 처음부터 너무 고강도의 영어 공부를 시도하는 건 지양하세요. 초반부터 벅차다는 감정을 느끼지 않게 나의 실력에 맞는 정도의 공부량을 가져가고 점점 강도와 심도를 높여가세요.

마지막 세 번째 'Apply it in your real life'

무식하리만치 용기가 필요한 단계예요. 다양한 자기계발 강의에서 "comfort zone 밖으로 나가세요"라는 말을 들어본 적 있으실 거예요. 바로 그 단계죠. 내 공간에서 나와 낯선 환경에 처음 발을 딛는다는 것이 말이 쉽지 실천하기엔 얼마나 힘든 과정인지 알기에 '무식하리만치' 용기를 내시라고 말씀드리고 싶어요. 영어를 할 수밖에 없는 환경에 스스로를 노출시키세요. 한국에 계시다면 한계가 있을 수 있고, 외국인과 바로 대화를 하는 게 너무 무서울 수도 있어요. 그렇다면 영어 교류 프로그램이나 전화 영어를 신청해 보는 거예요. 그리고 더 편해진다면 대면 영어, 영어 예배 등 직접 얼굴을 마주하고 연습을 할 수 있는 공간에 도전해 보세요. 저도 처음에는 새로운 곳에 가는 것 자체가 스트레스였고 나의 실력을 마주하게 되는 매 순간이 너무나 힘들었어요. 하지만 그 두려움에서 오는 스트레스보다 점점 향상하는 나의 실력을 체감할 때 그 짜릿함이 더 값지다는 걸 알았고 그렇게 그 즐거움에 더 집중하기 시작했어요. 그리고 두려움과 낯섦은 잠시! 사람은 환경에 익숙해지는 존재이기 때문에 일정 시간이 지난다면 나 스스로도 새로운 환경에 적응할 것이고 그들 또한 저라는 존재에 친근감을 느끼게 될 거예요. 그 처음 몇 번만 버틴다면. 더 큰 가능성이 여러분을 맞이하게 된다는 것을 기억한다면, 그 기간을 버티기가 조금 더 수월해질 거예요. 저 또한 새로움에 대한 낯섦이 참 큰 사람이었지만 그렇게 다양한 사람들을 만나고 경험을 쌓다 보니 이제는 모임에 참여하는 것도, 처음 보는 사람을 만나 이야기를 나누는 것도 또 다른 배움의 장이라 생각해 즐기게 되었답니다.

다시 저의 영어 병아리 시절로 돌아가 본다면 ESOL에서 이러한 방법으로 연습한 결과 저는 ESOL 과정을 수료한 친구들 중 가장 단기간 안에 과정을 수료하고 같은 반 친구들과 함께 같은 교과과정을 들을 수 있었어요. 저희 담임 선생님께서 하영이가 놀라울 정도로 영어 실력이 빨리 향상되고 있다며 대견해하시던 모습도, 그 칭찬을 들으며 너무나도 흐뭇했던 저 자신도 아직도 잊을 수 없어요. 그렇게 열심히 했기에 친구들과도 더 깊은 교우관계를 맺을 수 있었고, 중요한 점은 "영어를 못해 가장 속상한 순간이 있었나요?"라는 질문에서 저에게 상처를 주었던 그 친구에게도 사과를 받고 친한 친구가 되었답니다. 10살이었던 제가 할 수 있다면 여러분도 할 수 있어요!

Q. 외국 대학교로 진학하려면 어느 정도로 영어를 잘해야 하나요?

그렇다면 어느 정도의 영어 실력이 되어야 영어권의 대학에 진학할 수 있는지 궁금하실 거예요. 우선 안심 드리고 싶은 건 완벽할 필요는 없다는 것. 하지만 현실적으로 필요한 수준의 영어는 아래와 같아요.

1. 전공 분야에 대한 내용을 사람들 앞에서 발표할 수 있는 말하기 실력
2. 원서로 된 교과서로 공부할 수 있는 읽기 실력
3. 외국 교수님의 영어 강의를 이해할 수 있는 듣기 실력
4. 시험에서 영어로 백지를 채워나갈 수 있는 쓰기 실력

한국에서 영어 공부를 한 친구들은 강의 듣기, 원서 교과서 읽기, 시험 보기까지는 어느 정도 해낼 수 있더라고요. 문제는 말하기 실력이에요. "듣기, 읽기, 쓰기면 충분하지 않아?"라고 생각하실 수도 있는데 해외 대학교에서는 경영학과, 디자인학과 등 전공을 불문하고 나의 의견을 구두로 설명해야 하는 수업들이 많아요. 실험하고 그 실험 결과를 교수님께 설명하는 자연과학 계열 학과, 자신의 작업 결과물을 사람들 앞에서 설명하는 디자인학과 등등. 특히나 제가 나온 경영학과라면 반 앞에서 내가 정한 주제로 발표를 해야 하는 프레젠테이션 기반 수업, 친구들과 소통하며 내 의견을 피력해야 하는 토론 수업들이 많아요. 그룹 프레젠테이션 준비 과정을 담은 유튜브 영상도 있는데요, 참고해 보시면 좋을 것 같아요.

대학교 프레젠테이션 유튜브 썸네일

제가 들었던 협상 수업을 예로 들면 매주 교수님께서는 수업 이틀 전날 두 가지 자료를 보내신답니다.

1. 협상 주제
2. 함께 협상을 진행하게 될 랜덤 그룹 리스트와 각자의 역할

그럼 이틀간 자신의 역할에 맞는 협상 준비 후, 수업시간에는 해당 그룹 친구들과 협상을 진행하게 돼요. 40분간 협상 진행 후 반 전체에게 협상 결과를 공유하고 자신이 사용한 전략에 대한 발표 시간을 갖죠. 모두의 발표가 끝나고 나면 교수님께서 debrief(해설) 시간을 통해 이번 협상에선 어떠한 전략을 가져갔으면 더 유리했을지 공유해 주셔요.

제가 정말 재미있게 집중했던 수업이었는데, 해당 수업만 봐도 내 생각을 말로 표현해 낼 수 있는 영어 묘사력이 굉장히 중요하죠.

   수업 때문만이 아니라도 듣고 읽는 선에서 그치는 영어가 아닌 머릿속에 있는 내 생각을 말로 표현할 수 있다는 것은, 생각하는 것에서 한 단계 더 나아간 수준의 영어 실력을 갖췄단 뜻이기도 하기에, 다시금 "말하기"에 대해 강조하고 싶어요. 이런 사실을 모른 채 유학을 시작한 뒤 매 수업 당황하고 사람들 앞에서 영어로 발표를 해야 한다는 두려움에 떨게 된다면 너무 슬프잖아요? 이러한 힘듦을 겪기 전에 나 스스로 대비해 있는 게 훨씬 좋겠죠. 완벽한 수준의 영어란 원어민들도 힘들어요. 저 또한 지금도 영어를 연습하며 배워가는 과정이기에 계속 노력하는 마음가짐과 태도가 중요하다고 말씀드리고 싶어요.

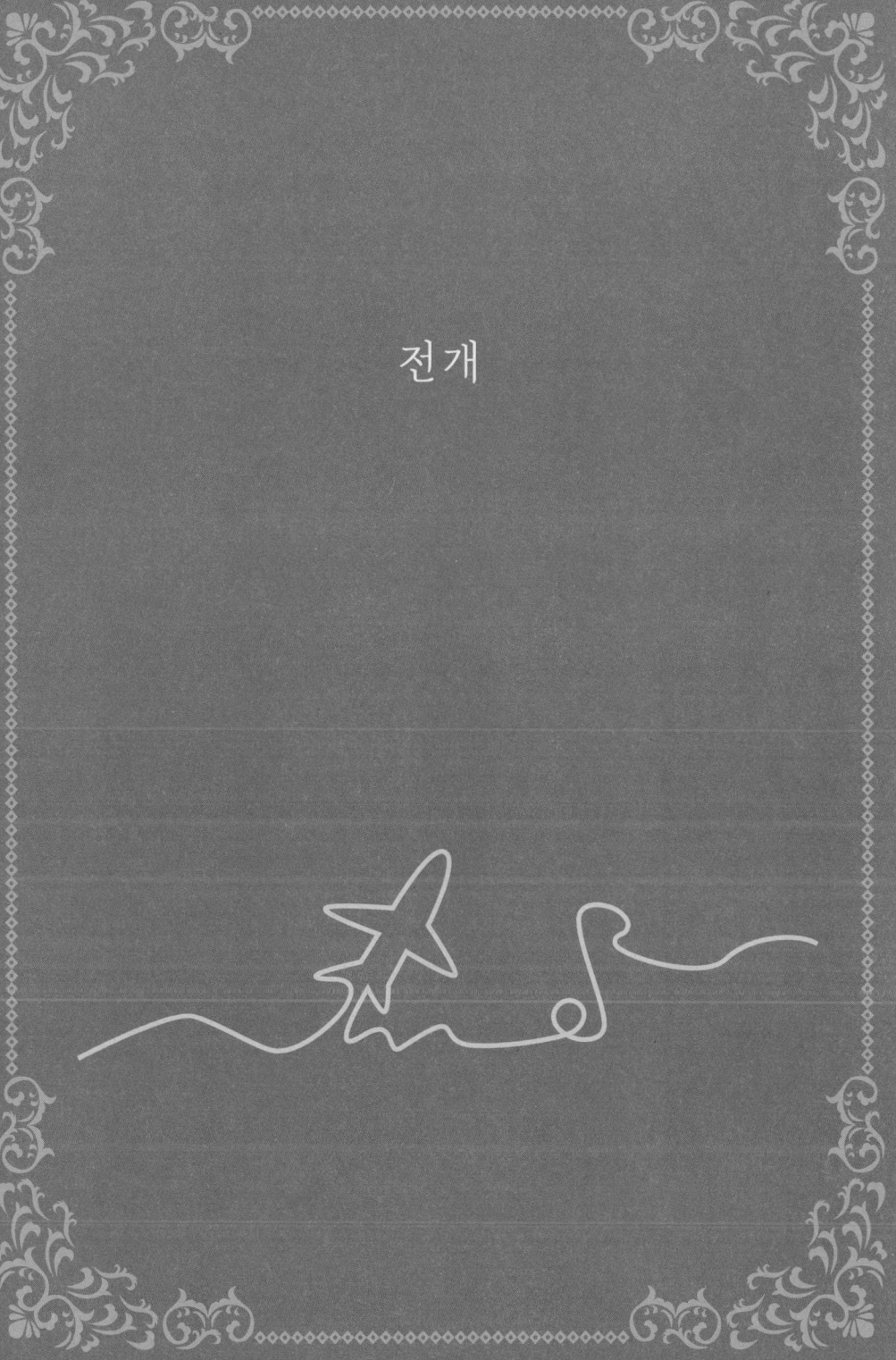

수많은 경쟁, 반복된 차별, 깊이 모를 외로움 속에
유학을 그만두고 싶을 수도 있어요.
그럴 때 스스로에게 이런 질문은 어떨까요?
'내가 이 순간 도망친다면 후회하게 될까?'

지금, 이 순간 내 속에는
다른 자아가 들어왔다고 믿어버리고 무작정 질러버려요.
그 뒷일은 내일의 내가 수습해 줄 거라 믿으면서요.

전개: 유학의 시작, 드디어 풀린 오해

드디어 유학길에 오른 우리. 해외 생활을 시작하고 일취월장한 영어 실력으로 셀 수 없이 많은 외국인 친구를 사귀고, 드라마에 나오던 파티 라이프를 즐기며, 우수한 성적으로 멋있게 졸업까지! 꿈꾸던 밝고 휘황찬란한 나날이 우리를 기다리고 있을까요? 그 민낯을, 혹독한 적응기를 공유해 드릴게요.

유학생들은 드라마에 나오는 것처럼 문란한가요?

끼리끼리는 사이언스

확실히 말할 수 있는 건 유학생 사회는 정말 좁아요. 아마 지금 생각하는 그것보다 더 좁을 거예요. 조금의 과장을 보탠다면 은둔 생활을 하지 않는 한, 두 다리만 건너면 "이름은 들어본 적 있는 사이"라는 공식이 성립될 정도로 유학생 사회는 좁아요. 그만큼 일거수일투족이 갖가지의 소문으로 무성해지는 곳이기도 하죠. 설상가상으로 기숙학교였던 저의 고등학교는 어땠을까요? 학교와 기숙사의 거리는 걸어서 2분, 학교에서 저녁 자습이 끝나고 기숙사로 돌아가는 길에 흔히들 말하는 남자 사람 친구를 마주쳐 기숙사까지 같이 걸어오기라도 하면 그게 그 주의 가십거리가 됐어요. 교내 식당에서 남자 후배가 혼자 밥을 먹고 있어 같이 앉아 점심을 먹으려 하면, 자리에 앉기가 무섭게 "너희 무슨 사이니? 같이 먹으면 안 된다!"라고 호통치시며 떨어뜨려 놓으시는 기숙사 사감 선생님. 대학교에 가면 좀 나아질 줄 알았는데 이게 웬걸.

"하영아 A 알아?"

"아, A? 내가 아는 동생인데, 왜?"

"그 친구 어때? 우리 회사에 지원했는데 나랑 친한 형 가게에서 일했던 친구의 전 여자친구던데."

'그 정도면 서로 모르는 사이 아닌가?' 싶은 모르니만 못한, 멀지만 아는 불편한 사이. 그 정도로 필요하다면 손쉽게 서로의 정보를 알아낼 수 있는 해외 속의 작은 한국이었죠. 이렇게 쉽게 동선이 파악되고 신원 확인 또한 쉽사리 가능한 사회에서 문란하게 산다는 건 꽤나 큰 간덩이의 소유자가 아니고서야 어렵답니다. 세상에 간덩이가 큰 사람이 너무도 많을 것 같고 유학생들이 문란할까 봐 아직도 걱정이 되시나요? 그렇다면 이 말을 전해주고 싶어요. "결국엔 유유상종." 생각해 보세요. "공대생들은 다 그래!" "이과생들은 다 그래!" 이런 논리가 어디 100% 일치한 적 있었나요. 사람 사는 건 다 똑같아서, 한국이나 외국이나 끼리끼리 법칙이 통용된답니다.

더 나아가 뭐 눈에는 뭐만 보인다고, "아휴 진짜 여기 사람들은 왜 그리 다 부정적이고 서로 험담을 하는지!"라고 말하는 사람이 있나요? 그렇다면 객관적인 눈으로 주변을 둘러보세요. 그 사람의 말대로 그곳에 있는 사람들이 모두 부정적이라면 그 환경을 멀리하세요. 그렇지 않고 본인이 보기에 그 사람만 그런 생각을 하고 있는 것 같다면 그 사람을 멀리하세요.

미국의 사업가 짐론은 "나라는 존재는 내가 가장 많은 시간을 함께 보내는 다섯 사람의 평균"이라고 했죠. 우리의 수준은 우리가 가장 많이 어울리는 사람들의 수준이에요. 어떤 사람을 가까이하고 싶은지에 대한 가치관 확립의 중요성이 엿보이는 말이기도 하지요. 내 인생을 어떤 사람들로 채워나가야 할지 모르겠다고요? 눈을 감고 어떠한 인생을 살아가고 싶은지 그려보세요. 밝게 살아가고 싶다면 내 삶에 힘이 되어주는 긍정적인 사람들이 누군지 떠올려 보세요. 그리고 내가 생각하는 가장 밝은 사람을 생각해 보세요. 멋있는 인생을 살아가고 싶나요? 그렇다면 내가 가장 동경하는 삶을 살아가고 있는 사람을 떠올려 보세요. 지금 떠오른 그 사람들. 우리가 곁에 두고 함께 살아가야 할 사람은 그런 사람들이랍니다. 내가 현재 그런 사람들과는 거리가 먼 볼품 없는 사람 같아 보여 다가가기 겁날 수도 있어요. 하지만 인간은 적응의 동물이에요. 함께 시간을 보내다 보면 나도 모르는 새에 그들의 모습에 스며들고 있을 거예요. 그렇게 하루하루를 채워나가면 어느새 나도 그들과 같이 긍정적이고 멋진 사람이 되어있을 거예요. 유학생들에 대한 풍문이 자자해 괜스레 걱정이 된다면 한 가지만 기억하세요.

"끼리끼리는 사이언스."

외국은 대학교 졸업하기가 어렵다?

어렵습니다.

사실 전 억울한 케이스랍니다. 보통 한국의 교육과정은 고등학교까지 힘들고 대학교 때는 비교적 널널해진다고 하죠. 그와 반대로 북미의 교육과정은 고등학교까지는 비교적 여유롭고 몇몇 대학교는 졸업하기가 어려울 정도로 힘들어진다고 해요. 그중에서도 제가 다닌 토론토 대학교의 경영학과 로트만 커머스(Rotman Commerce)는 한 과목을 패스하는 데에 7학기를 쓴 선배가 있을 정도로 반 평균도 낮고 졸업하기 힘들다는 악명을 갖고 있어요. 설상가상으로 고등학교 때 제가 수료한 IB (International Baccalaureate) 과정은 국제 학교의 교육과정 중에서도 가장 어렵다는 명성을 갖고 있답니다. 대학교의 힘듦을 감히 상상도 못 했던 고3의 김하영은 대학교를 가면 공부가 조금 널널해질 거라는 기대를 하며 매일 밤 "하영아. 너의 인생의 마지막 공부야! 조금만 더 버티자!"라고 되뇌었어요.

그런데 이게 무슨 일일까요. 때는 바야흐로 2014년 9월. 토론토 대학교 합격 후 캐나다로 향하는 비행기를 기다리는 인천공항. Facebook을 통해 미리 알게 된 학교 선배로부터 도착한 메시지.

"혹시나 입학 번복할까 봐 말하지 않았는데, 이제 확정됐으니 말할게. Welcome to HELL!"

이때까지만 해도 "그렇게 공부하기가 힘든가? 에이 뭐 그 정도겠어?" 라는 생각으로 웃어넘겼어요. 하지만 한편으로 왠지 찝찝했던 기분. 왜 슬픈 예감은 틀린 적이 없나… 네. 그 정도였어요. 대학교를 들어가서 난생처음 울며 공부를 했고, 공부로 나의 한계점을 느끼며 속상했던 적은 처음이었어요. 어렸을 적 즐겨 보았던 해외 명문대 다큐멘터리 속 밤새 불 켜져 있는 대학교 도서관. 그 모습이 정말 나의 일상이 되어있었고 그 모습이 고스란히 녹아 나온 것이 저의 첫 유튜브 채널 영상이었답니다. 학교 도서관에서 24시간 공부를 하는 영상 속 모든 것은 정말 비일비재한 일상이었어요. 대학교 4학년 마지막 졸업을 앞둔 시기에는 몸까지 많이 상한 상태로 공부를 병행하느라 '졸업'이라는 단어만 들어도 눈물이 앞을 가렸을 정도였다니까요. 하하.

7~9월 즈음에는 유튜브 채널 혹은 SNS를 통해서 연락이 많이 온답니다. 같은 과인 경영대 로트만에 합격한 신입생 후배들 혹은 토론토 대학교에 합격한 후배들이 그 주인공이에요. "선배님, 안녕하세요. 제가 이번에 로트만에 합격했는데 사실 너무 두려워요ㅠㅠ 진짜 그렇게

힘든가요? 제가 버틸 수 있을까요?" 마음 아프게도 대부분 이렇게 입학 전부터 움츠려 있는 내용이에요. 경영학과 1학년 때 세 가지 필수과목 시험에서 67점을 넘지 못하면 2학년 때 경영학과에서 퇴출당하는 시스템이 그 두려움의 대상일 텐데요. 평균을 기가 막히게 67로 맞추거나 학생들이 자진 수강철회 길을 걷도록 시험 난이도로 마법을 부리는 교수님들 덕분에 저 또한 많이 힘들었기에 이해를 못 하는 건 아니죠.(1학년 때 제게 악몽을 선사하신. 하지만 사람은 너무 좋아 미워할 수 없는 Gazzale 교수님을 잊을 수 없답니다.) 하지만 유학을 준비하는 여러분들이 꼭 기억했으면 하는 네 가지가 있답니다.

Q. 외국 대학 졸업이, 공부가 너무 무섭다면?

첫 번째, 너무 두려워하지 말 것

제가 해주고 싶은 말은 너무 쫄지 말 것. 이미 합격을 했다는 사실은 학교에서 당신의 가능성을 인정한 것. 지금까지 잘해온 본인일 테니 스스로를 믿고 해온 대로 열심히 하면 됩니다. 입학하게 되면 나를 겁주는 주변 사람들이 생겨날 거예요. "그 과목 진짜 어렵다며!" "통과 못 하면 니 진과해야 하잖아, 괜찮겠이?"라는 식으로요. 처음에 괜찮겠지만 이런 말들을 계속 듣다 보면 무의식 중에 "나, 진짜 통과 못 하면 어떡하지… 내 인생 실패하는 거 아닐까?"라는 생각이 머릿속에 맴돌 수밖에 없어요. 더 위험한 건 대학교가 각국에서 공부깨나 했다던 애들이 모인 곳이니 "이 친구들 사이에서 경쟁을 한다면 나 또한 내 인생 첫 실패를 경험할 수도 있겠다"라는 가능성을 인지하게 되는 거죠. 그 순간 패닉에 빠지기 시작해요. 자기 스스로의 잠재력을 차단하고 좌절의 늪에 빠져버릴 수가 있죠. 그러니 적정선에서 귀를 닫고 "너나 해내지 마라. 난 보란 듯이 잘 해낼 거다"라는 생각으로 자신을 채우길 바라요.

일단 에너지 드링크, 또 도서관과 친해질 준비를 하고 오세요. 토론토 대학교를 오는 후배님들이 계시다면 그나마 다행이라고 말할 점이 있어요. 캐나다에는 한국보다 에너지 드링크 종류가 다양해서 골라 마시는 재미가 있답니다. 하하. 그리고 토론토 대학교에는 40곳 넘는 도서관이 있어 취향에 따라 도서관을 골라 가면 돼요. 마치 도서관 투어라고나 할까요? TMI라면 저의 최애 에너지 드링크는 레드 불의 구아바맛, 최애 도서관은 임마누엘 도서관! 후배님들 모두 파이팅!

두 번째, 동아리 활동과 공부의 밸런스 조절할 것

외국 대학을 배경으로 한 영화들이 많아서 그런지 그리고 그들의 대학 생활이 꽤나 흥미로운 프레임에 담겨서 그런지 외국 대학교의 동아리 생활에 대하여 궁금해하는 친구들도 많더라고요. 〈몬스터 주식회사〉, 〈금발이 너무해〉 등 다양한 영화에 나오는 동아리 활동과 그러한 활동을 통해 끈끈한 교우관계를 쌓아가는 친구들의 모습에 저 또한 외국 대학 동아리에 대한 로망을 가지고 있었어요. 그렇게 토론토 대학교에 입학하고 얼마 지나지 않은 어느 날, 내가 조인할 동아리에 사인 업하는 SAC day(동아리 단체들이 토론토 대학교의 랜드마크 King's Circle

광장에 모여 동아리 홍보 및 동아리원을 모집하는 날)였어요. 토론토 대학교 입학 설명회에서 이미 수백 개 동아리 단체에 대한 정보를 들은 상태이기에 얼마나 많은 단체들이 나와서 자신들을 소개하고 있을지 설레었죠. 무대에서 춤을 추던 댄스 동아리, 축구공 묘기를 부리던 축구 동아리, 웅변을 선보이던 스피치 동아리 등 시선을 사로잡기 위해 팸플릿과 다양한 이벤트를 선보이던 모습이 신기했어요. 역시나 사인 업하고 싶은 동아리가 참 많아 곤란했고, 그렇게 하루 만에 제가 사인 업한 동아리는 10개가 넘었어요.

꿈꿔왔던 대학 생활, 새로운 사람들을 알아가는 것도 좋고 잊지 못할 추억을 만드는 것도 정말 좋지만 제가 강조하고 싶은 것은 '중심을 잡고 방향을 정하자'. 내가 대학 생활을 하며 걷고 싶은 길이 적당한 학점을 받으며 많은 대외 활동을 경험하는 것인지 아니면 고학점을 받으며 적당한 대외 활동을 경험하는 것인지. 물론 고학점을 받으며 다양한 대외 활동을 경험하는 것이 가장 이상적이지요. 하지만 보통의 경우 두 마리의 토끼를 다 잡기는 힘들기에 학년이 낮을수록 나의 방향성을 빨리 정하고 그에 맞는 우선순위를 세우는 것을 추천드려요. 저 같은 경우에는 1학년 때 10개 정도의 동아리 활동을 하며 열심히 탐색전을 벌였고, 그중 제가 안고 갈 동아리를 추린 후 2학년 때부터는 동아리 활동을 최소화하며 학업에 집중했어요. 이미 학교 공부로도 벅차기에 동아리에 자칫 한눈팔면 학업을 놓칠 수 있다는 점, 중심을 잡고 방향을 정해야 한다는 점 꼭 기억하세요!

세 번째, 나에게 주어진 혜택들은 내가 직접, 발 빠르게 알아볼 것

외국 대학에는 학생들을 위한 다양한 시스템이 준비되어 있어요. 저는 회사, 학교, 가족 등 제가 속한 소속, 장소에 대한 애정을 갖고 살아가는 사람이기에 "내가 자긍심을 가지고 다니는 학교가 나에게 제공하는 게 과연 무엇일까"라는 질문을 갖고 있었어요. 그래서 학생들에게 제공되는 프로그램들이 무엇이 있는지 직접 찾아 나서는 쪽이었지만 생각보다 이런 혜택들에 대해 세세히 알고 있는 학생들이 많이 없어 아쉬운 마음이 컸어요. 예를 들어 토론토 대학교에서는 시험 기간 공부에 지쳐있을 학생들을 위해 아래와 같은 프로그램을 제공해요.

1. 심리치료 일환의 오케스트라 연주회
2. 근육 피로를 풀어주기 위한 마사지 세션
3. 강아지 고양이를 통한 애니멀 테라피
4. 긴장 완화를 위한 창작 및 미술 테라피
5. 스낵 파티

하지만 아쉽게도 이를 아는 친구들이 많이 없었어요. 보다 많은 후배들이 이런 프로그램들을 애용했으면 하는 마음에 '시험 기간, 토론토 대학교에서 학생들을 위해 제공하는 것들'이라는 영상도 만들어 유튜브에 업로드했었고요. 물론 익숙함이 편하고 좋겠지만, 내가 살아가고 있는 곳에 대한 공부를 적극적으로 해서 나를 위해 준비되어 있는 것들을 십분 누릴 수 있기를 바라요.

네 번째, 도움이 필요하다면 요청할 것

유학할 때 가장 서러운 순간을 말해보라고 한다면 단연 '혼자 있는데 아플 때'가 아닐까 싶어요. 비단 이것은 육체적인 고통만을 뜻하지 않고 정신적, 심리적 상태를 모두 포함하죠. 대학교 4학년 마지막 시험을 볼 때의 일이에요. 워낙 어려웠던 졸업 필수 과목을 준비하며 유종의 미를 거두고 싶다는 욕심에 평소보다 갑절의 노력으로 준비했던 과목이 있었어요.

하지만 휴학 중 겪었던 전치 16주의 교통사고로부터 여전히 회복 중이었던 제 몸 상태를 간과했죠. 망가진 몸을 돌보며 졸업 준비를 하는 게 그렇게나 큰 부담일 줄이야. 틈틈이 찾아온 허리 통증에 머리가 아찔해질 정도였고, 학업을 조금 더 쉬어야 하나 싶기도 했지만 "무조건 4년 안에 졸업하겠다"라는 목표가 있었던 저는 복학을 강행했어요. 정말 "만반의 준비를 다 했다"라는 자신감을 갖고 시험장을 들어갔지만 "설마 또 통증이 찾아오지는 않겠지?"라는 걱정이 스치듯 지나갔어요. 불안한 예감은 왜 틀리지 않는지. 시험을 치르는 도중 예고 없이 찾아온 허리 통증. "그래도 조금만 버텨보자 할 수 있어. 하영아"를 외치며 견뎌내는 저는 눈앞이 희미해짐을 느낄 지경까지 이르렀고 선택의 여지 없이 시험을 포기했어야 했죠. 정신을 차린 그 순간에도 저는 허리 고통이 아닌 "4년 만에 졸업을 하겠노라"라는 제 목표를 이루지 못했다는 것과 부모님께 또다시 한 과목에 대한 경제적인 부담감을 안겨드려야 한다는 죄책감이 엄청난 정신적 고통으로 다가왔어요. 그러나 목표를 달성하지 못했다는 자존심의 타격에 제 상황을 아무에게도 말 못 하고 끙끙대는 고통이 시작되었죠.

　고통은 털어놓아야 반이 된다고들 하지만 오랜 홀로서기 생활에 완벽주의 성향까지 더해져 문제가 생기면 해결될 때까지 혼자 담아두고 해결하려 했어요. 학교의 시험 관련 부서들을 발로 뛰어가며 쫓아다녔고 담당자분들과 수많은 면담을 해가며 제 상황을 설명하고 조금이라도 해결할 방법을 찾아다녔어요. 유일한 방법은 청원(petition)을 진행하는 것이었죠. 여덟 차례의 petition(청원) 과정, 수많은 면담을 진행하고 학교의 최종 결정을 기다리는 것은 너무나도 견디기 버거운 고통의 시간이었어요. 하지만 "생각보다 많은 사람들이 나를 도와주기 위해 기다리고 있구나"라는 또 하나의 인생 레슨을 배운 시간이기도 했답니다. 무슨 말이냐고요? 수많은 미팅 속 가까워진 로트만 커머스의 학업 어드바이저 분이 계셨어요. 그리고 아직까지도 제 마음 깊숙이 위로가 되어주는 그분의 한마디,

"Slowly but surely you're going to make it Gloria."
"천천히 하지만 확실하게 너는 해낼 거야. 글로리아."

　네가 진심을 다해 열심히 살아온 건 너를 아는 사람이라면 모두 알 수 있을 테니 그 진심만 전하자는 조언. 이 힘든 순간이 기억이 나지도 않을 만큼 너에게는 빛나는 미래가 있다는 응원. 남몰래 수많은 눈물을 흘렸지만 이 면담에서 터져 나온 눈물은 내 진심을 알아준 사람에 대한

감사함 그리고 "드디어 누군가에게 내 고민을 털어놓을 수 있게 되었구나"라는 생각에서 오는 해방감이었어요. 필요하다면 손 내밀기를 바라요. 나 스스로에게 떳떳할 만큼 열심히 살아간다면 진심은 통하더라구요. 한 발자국 나가서 도움을 요청하세요. 우리가 어디에서 헤매고 있는지 정도만 알려주세요. 생각보다 많은 분들이 우리를 도와주기 위해 기다리고 계실 거예요.

생일.
1년 중 나만을 위한 특별한 날. '특별함'을 애정하는 나이기에 생일은 연중행사처럼 여겨왔다. 그렇기에 12월 10일이라는 날짜를 참 좋아하면서도 학창 시절 내내 시험 기간이 겹쳤기에 아쉬움이 남았고, 작년 생일에는 "내년에는 시험 기간에 허덕이면서 생일을 보내지 않아도 돼!!!"라며 올해 생일을 364일 전부터 기대하고 있었다. 하지만 마지막이어야 했던 시험을 보는 도중 겪은 허리 통증은 너무나 큰 타격으로 다가왔고, 그렇게 나에게 한 학기를 더 안겨주었다. 미련과 후회가 남는 것을 싫어하는 성격이라 정말 열심히 했고, 또 마지막인 만큼 더 철저히 준비한 시험이라 '4년 안에 졸업하겠다'라는 내 목표를 이루지 못한 것은 괴로움이었고, 원인 모를 패배감이었으며, 유학생으로서 부모님께 또다시 드려야 하는 경제적 부담은 나 스스로를 더욱 나무라게 했다.

그렇게 정신없이 12월 10일은 다시 왔고,

나는 또다시 시험이 코앞인 학생이었다. 마냥 홀가분하지만은 않은 생일일 것 같았는데, 생일 당일 내게 온 메일 한 통.

'Petition_APPROVED'

장장 8개월간 시험 도중 허리 통증 때문에 포기해야 했던 과목에 대해 남몰래 진행하고 있던 petition의 결과였다. 할 수 없는 것 빼곤 모든 걸 다해보자 싶어 여기저기 뛰어다니며 준비한 petition. 병원들을 전전하며 교통사고 후유증인 허리 통증에 대해 증명을 해야 했고, 지금까지 학생으로서 열심히 보낸 4년을 증명해 주시는 학업 어드바이저 분들이 계셨어야 했기에 너무 복잡하고 지쳐있었다.

'굴곡이 많아도 항상 결국엔 가장 좋은 결과로 보답해 왔던 인생이니 이번에도 그러겠지'라는 마음 하나로 버텨왔는데, 메일을 본 순간 울음이 터졌다. 생각보다 많이 힘들었나 보다. 역시나, 정말로, 말도 안 된다 싶을 정도로 현 상황에서 가장 좋은 시나리오였고, 값진 생일 선물이었다.

인제야 나는 사람들한테 털어놓을 수 있고, 부모님께 말할 수 있으며, 웃으면서 유종의 미를 거둘 수 있게 되었다. 그만큼 아픈 4학년이었지만 너무나도 많은 배움을 얻은 시간이었고, 홀로 해결할 수 있는 것의 한계점을 마주할 때는 버거웠지만 주위를 돌아보니 나를 돕고자 하는 사람이 많이 있음을 깨닫게 되어 감사한 시간이었다. 도움 주신 분들께 petition 결과를 전하러 가는 길에 느꼈던 희열, 본인 일처럼 함께 기뻐해 주시던 모습. 그리고 절대 잊지 못할, 이 과정 속 버팀이 되었던 어드바이저분의 한마디,

"Slowly but surely, you will make it Gloria."

처음 학업 어드바이저분께 상황을 설명해 드릴 때 터져 나왔던 눈물은 추억이 될 테고, 일이 해결될 때까지 아무에게도 말하지 못하는 이 고질병 자식은 앞으로도 해결해야 할 숙제이지만, 이놈의 학교에 와서 정말 너무나도 많은 걸 배워가는 것 같다.
이제 졸업하자 하영아.

#하블리in캐나다 #토론토대학교 #졸업사진 #UofT #UniversityofToronto #graduation

어떻게 하면 빨리 적응할 수 있을까요?

10살 때부터 다양한 국가에서 생활을 해온 제게 적응력이란 가장 큰 장점 중 하나예요. 어려서부터 수많은 '다름'에 적응해 가는 과정 속, 많은 시행착오를 겪으며 터득한 적응력이기에 조금 늦게 유학을 시작하는 사람에게는 '새로운 곳에서 모든 일상을 리셋하고 시작한다는 것'이 얼마나 힘든 일인지… 결코 쉬운 일이 아님을 알기에 타지에서 적응을 할 때 기억하면 좋을 세 가지 팁을 공유하려 해요.

첫 번째, 틀림과 다름의 차이를 이해하자

Seth Godin의 저서 《This is Marketing》에 나온 것과 같이 우리는 '우리답고' 싶어 해요. "우리 같은 사람들은 식사를 할 때 이런 순서대로 먹어야 해. 우리 같은 사람들은 옷을 이렇게 입어야 해"라는 생각들. 우리가 그러고 있다는 사실조차 모르는 사이에 '우리 같음'을 정당화시키고 자연스럽게 '우리답지 못한 것'을 보았을 때 이질감을 느끼고 무시하거나 배척하려 하죠. 우리와 익숙하지 않은 무언가를 보았을 때 "저건 잘못됐어. 왜 저럴까?"라는 생각을 무의식 중에 갖게 되기도 한다는 말이에요. 우리의 '우리다움'도 다른 누군가에겐 배척 대상이 될 수도 있다는 생각은 인지하지 못한 채. 한 발자국 멀리서 본다면 이 모든 건 틀린 게 아니라 다른 것뿐이랍니다. 이럴 때 한 템포 멈춰서 "아, 그럴 수도 있겠구나"라는 생각을 해보는 게 어떨까요? 그들은 틀린 게 아니라 그냥 다른 것이라는 걸 인정하는 순간 우리는 이 세상의 훨씬 많은 것들을 이해할 수 있고, 그렇게 포용할 수 있는 세상은 훨씬 넓어질 거예요.

틀림과 다름의 경계를 정확히 인지하고 있다면 유학을 하며 마주하는 수많은 문화적 차이에서도 더 많은 것을 쉬이 수용할 수 있게 될 거예요. 제가 이탈리아에 교환학생으로 가게 되었을 때의 이야기를 들려드리자면, 다양한 국가에서 생활해 본 저는 졸업 후 정착하고 싶은 나라에 대한 고민이 있었어요. 그러던 중 "유럽이라는 대륙에서는 아직 살아본 적이 없구나? 한 나라를 정하기 전에 유럽에서의 생활도 직접 느껴봐야겠다"라는 마음으로 이탈리아 밀라노로 교환학생을 가기로 결심했어요. 난생처음 유럽 땅을 밟고 이탈리아라는 나라에 살게 되었기에 그만큼 처음 겪는 일들이 많았어요. 솔직히 말해 너무나 이해되지 않는 일투성이였죠. 어쩜 저렇게 일 처리를 느리게 할 수 있는지, 거리의 공사들은 몇 달이 지나도 진전이 없는지, 관광객이 많은데도 영어를 할 줄 아는 사람들이 이렇게나 없는지 등등. 그렇게 일상이 불평불

만으로 채워져 가던 중 어느 날 문득 "이렇게 흘려보내는 나의 일상이 아깝다"라는 생각이 들더라구요. 행복하기만 해도 아까운 이 하루하루를, 꿈꿔왔던 유럽에서의 일상을 내가 왜 이렇게 낭비하고 있을까? 무엇이 잘못된 걸까? 되짚어 보기 시작했어요. 그제야 내가 정의하고 있었던 '정상적인 것'을 그들의 문화에 들이밀며 옳고 그름을 정하고 있는 저 자신을 발견했어요. 그들의 문화와 특징을 이해하려고는 하지 않고 내가 살아온 배경과 사고방식만 맞다는 가정하에 판단의 잣대를 들이밀고 있으니 그들의 일상이 좋아 보였을 리가요.

 나의 거만함을 인정하고 그 순간부터 저의 생각하는 방식을 바꿔보기로 했어요. 그들은 틀린 게 아니라 다른 것이라는 것을 그리고 그들의 다름을 탐구해 보기로 했죠. 내가 좋아하는 사람이 생겼을 때, 진심으로 그 사람이 살아온 환경과 배경이 궁금해지고 그이의 가치관을 알아가 보고 싶듯 이탈리아의 역사와 문화적 배경을 알아보기로 했어요. 그제야 보이더라구요. 길디긴 공사현장이 아닌 건물 안의 큰 기둥들이 말이에요. 천천히 오랜 기간 걸친 공사는 그만큼 탄탄한 기초 공사와 긴 건물의 수명을 뜻했죠. 제가 살고 있었던 건물만 해도 200년 된 건축물이었어요. 제가 느리다고 생각했던 공사 방법 덕분에 제가 사랑하는 이탈리아의 건축물들이 오랜 기간 존재할 수 있었던 것. 이렇게 틀림이 아닌 다름으로 받아들이는 연습을 하니 세상을 바라보는 시야도 넓어지고 제가 사랑할 수 있는 세상의 폭도 넓어지더라구요.

두 번째, 가는 곳에 대한 사전 조사는 철저히 하자

"아는 만큼 보이고 아는 만큼 그 공간에 대한 친근감이 커진다."

이탈리아 풀리아주의 알베로벨로라는 도시로 여행을 갔을 때의 일이에요. 그곳의 집들은 지붕이 스머프 마을의 집처럼 버섯 모양으로 아기자기하게 솟은 모양이라 한국인들에게 '스머프 마을'로 통하는 곳이었어요. 저도 그 지역만의 유니크한 매력에 꼭 한번 들르고 싶어 저의 여행지 버킷리스트에 저장해 두었고, 여행할 때 그 도시를 보다 더 온전히 느끼고 누리기 위해 역사와 배경지식을 알아가는 걸 좋아하기에 출발 직전 알베로벨로의 역사를 찾아보았죠.

14세기 중반 잦은 전쟁과 침략에 대비하여 자신의 가족이 위험에 처할 때 빠르게 도망을 가기 위해서. 그리고 또 어디든 빠르게 정착하기 위해 쉽게 짓고 허물 수 있는 스머프 마을 모양의 집을 지었다는 이야기.

충격이었어요. 아기자기한 동화 같은 낭만을 가진 사람들이구나 싶었는데 어여쁜 모습 뒤에 가려진 웃을 수 없는 이야기라니. 이러한 사정을 알고 다시 보니 그들의 처지가 얼마나 딱해 보이던지요. 이러한 배경을 몰랐다면 그곳은 저에게 단순히 귀여운 스머프 마을에 지나지 않았을 테죠. 알고 보니 더 감정이입이 되고 지붕 위 문양들도 미관용이 아닌, 모두 비슷하게 생긴 집 모양에 자신의 집이 어디 있는지 표식하고자 그린 상징이라고 하니 "나였으면 어떤 표식을 넣었을까?"라는 상상도 하게 되더라고요. 이러한 사소한 애정은 그 지역에 대한 친근감으로 다가오고, 그 친근감은 내가 그 지역에 적응할 때 엄청난 도움이 되어줘요. 이렇게 어디를 가던 그곳에 대한 사전 조사는 같은 것을 보아도 더 많은 것을 느끼고 나 스스로도 더 준비되어 있게 해주죠. 아무런 사전 조사가 되어있지 않은 친구와, 철저한 조사를 마친 당신이 같은 출발 선상에 있다면 당신은 시작부터 엄청난 강점을 가지고 게임에 임하게 되는 거예요. 그러니 이 자세를 비단 여행뿐만이 아닌 내가 가게 될 나라에 대한 조사 그리고 목표로 하고 있는 대학교에 대한 조사에도 대입해 보세요. 꼭 누군가를 이기기 위해서가 아닌, 내가 앞으로 살 곳이라는 생각을 갖는다면 자연스럽게 알아가고 싶은 호기심이 생기지 않나요? 이러한 호기심은 여러분이 적응하는 데에 큰 도움이 되어줄 거예요.

알베로벨로

세 번째, 딱 3주만 참아보자

아침에 눈을 뜨면 명상하는 습관, 자기 전 일기를 쓰는 습관. 우리에 겐 다양한 습관이 있지요. 이러한 습관이 자리 잡는 데 걸리는 시간이 얼마인지 아시나요? 21일. 딱 3주면 하나의 습관이 만들어진다고 해요. 물론 타지에 도착해서 모든 게 낯설고 도망가고 싶어질 때가 있을 수 있어요. 이럴 때 딱 3주만 참아보자고 스스로에게 이야기해 봐요. 우리 몸은 단순해서 일단 시작하고 몸을 움직인다면 그 자체가 엄청난 동력이 될 것이고, 일상의 패턴이 습관으로 자리 잡는 순간 몸의 근육이 기억해 우리를 그 습관대로 움직이고 싶게 만들어줄 거예요. 나만 왠지 적응을 못 하고 있는 것 같다면 딱 3주만 유학 생활을 즐기는 습관을 들여봐요.

나의 작은 소확행으로 채우는 3주

어떻게 시작하면 좋을까요? 내가 유학을 좋아할 수 있도록 나의 일상 루틴에 내가 좋아하는 것을 추가하는 것부터 시작하는 거죠. 그냥 평범한 수첩도 내가 좋아하는 디자인으로 튜닝을 하면 더 애착이 가듯, 나의 일상도 나만을 위한 아주 특별한 것으로 맞춰가는 것이에요. 모닝커피를 즐기는 사람이라면 내가 좋아하는 커피숍을 한군데 찾아 매일 모닝커피 한 잔의 여유를 즐기는 것. 햇살과 책을 좋아하는 사람이라면 아침에 일어나자마자 집 밖 벤치에 앉아 30분 정도 독서하는 것. 아주 소소해도 좋아요. '소확행'이라는 말도 있잖아요. 정말로 소소한 것들이 확실한 행복을 가져가 준다고 믿어요.

저부터 공유해 볼게요. 저에게 큰 위안을 가져다주었던 소확행은 하루 일과를 마치고 방 침대에 앉아 재즈 음악을 들으며, 책을 읽으며 마시는 와인 한 잔. 노을 진 하늘과 창밖 불빛을 보며 오늘 하루는 어땠나 생각에 잠기기도 하고 복잡한 생각의 실타래를 하나둘씩 풀기도 하던 그 순간들이랍니다.

나를 발전시키는 3주

그렇게 유학을 내가 좋아하는 일상으로 채워나가는 것에 성공했다면 이제 또 다른 3주가 필요해요. 이번 3주는 '나를 발전시키는 3주'예요. 내가 갖고 싶었던 습관을 갖는 연습을 하는 거예요. 머릿속에 바로 떠오르는 습관이 없다면 내가 닮고 싶은 사람을 떠올려 보기로 해요. 그 사람을 닮고 싶은 가장 큰 이유, 그 사람이 그런 장점을 갖게 된 과정을 생각해 보면 그게 내가 도전해 볼 만한 습관이 되는 거죠. 저 같은 경우는 교통사고 이후로 체력이 많이 저하되어 있었어요. 그래서 조금만 공부를 해도 허리가 아파 오고 잠시 누워서 쉼을 가져야 했는데, 드라마 〈미생〉에서 체력도 실력이라는 말. 결국에는 체력 좋은 사람이 버티고 승리할 수 있기에 체력을 길러놓아야 한다는 말이 뇌리에 박혔어요. 그 순간 문득 "내가 아무리 이렇게 열심히 살아도 체력이 못 버텨주면 마지막에 가서 다 놓아버리고 싶어질 수도 있겠다"라는 생각이 들었고 생각만으로도 벌써 억울해졌지요.

그래서 체력 좋은 사람들을 닮고 싶어졌고, 운동하는 습관을 들이기로 했어요. 저의 벤치마킹 대상은 아빠였어요. 제가 본 그 누구보다 성실한 아빠는 지난 20년간 눈뜨면 새벽 5시부터 아침 운동 2시간을 하시고 퇴근하신 후에도 저녁 운동 2시간을 꾸준히 실천하는 분이셨죠. 그러한 아빠의 꾸준한 운동 습관을 닮고 싶었어요. 그리고 아빠가 지난 20년간 꾸준히 해오시는 걸 옆에서 직접 지켜봐 왔기에 충분히 가능한 것이라는 것도 알고 있었어요. 그렇게 저는 '21일 운동 챌린지'에 도전해 보기로 했죠. 기록하는 걸 좋아하는 저이기에 인스타그램 스토리에 '21 day challenge'라는 제목으로 매일매일의 운동 기록을 하기 시작했고요. 친구들에게 해내겠다고 선전포고했으니 '미래의 김하영'이 어떻게든 끝내겠지! 라는 마음가짐으로 이틀, 사흘 해내고 있었는데 일주일째에 몸이 가벼워지는 게 느껴졌어요. 10일째 즈음에는 "오? 좀 끈기 있게 하네 하영?"이라는 주변 사람들의 반응에 신이 나서 운동하는 제가 있었고, 2주가 넘어가자 주말 아침에도 러닝 머신 위에서 파워 워킹을 하는 저를 발견할 수 있었죠. 마지막 한 주는 아주 쉽게 성공! 21일째 성공을 했을 때 인스타그램 포스팅을 올리며 "내가 해낸다고 했잖아!"라고 말할 수 있는 의기양양함이 얼마나 기분이 좋던지요. 하지만 가장 기분이 좋은 건 역시나 지금도 꾸준히 운동을 하고 있는 저의 모습이라고 말할 수 있지 않을까 싶어요. 지금은 하루만 운동을 안 해도 몸이 찌뿌둥해서 견디기 어렵더라구요. 하하.

이렇게 3주 법칙으로 아무리 힘들어 보이는 것도 조금씩 우리 스스로를 튜닝해 나가는 건 어떨까요? 더 나은 내일을 살고 있을 우리 모습이 벌써 기대되지 않나요? 일상을 성장이라는 설렘으로 함께 채워보아요!

21일 운동 챌린지

유학을 그만두고 싶을 때는 어떻게 해야 할까요?

고민이 될 때는 스스로에게 "내가 후회할까?"라는 질문을

유학이 썩 낭만적이지만은 않아요.

내가 상상한 따뜻한 햇살을 맞으며 패티오에 앉아 맥주를 마시며 인생의 아름다움을 논하고, 외국인들이 먼저 다가와 주며 나에게 친절히 말을 걸어주고 그렇게 한 달 만에 영어가 확 느는 마법. 대학 졸업을 하자마자 회사들이 나를 스카웃하려고 줄을 서서 내가 원하는 회사에 한 방에 취직하게 되는 시나리오. 꿈꾸던 직장에서 일하고 영주권까지 스무스하게 나오는 그런 남부럽지 않은 인생

이런 것을 바라고 유학길에 오르시는 분이 계신다면 미리 말씀드릴게요.

"없어요. 그런 거."

모국어로 공부를 하는 것도 어려운데 영어가 모국어인 친구들과 함께 외국어로 경쟁을 한다는 건 보통 아이들이 100% 할 때 우리는 200% 노력해야 한다는 걸 뜻해요. 전 세계에서 나름 공부 좀 해봤다 주름잡던 아이들이 모인 곳에서 경쟁하니 "1, 2등 하려나?"라는 고등학생의 패기가 "패스는 할 수 있으려나?"라는 고민으로 바뀌어 있을 수도 있어요. 이뿐인가요? 일상생활 속에서도 길을 걸어가다가 "너희 나라로 돌아가 찌질이야!"라는 욕을 듣고 그날 하루의 기분이 망가지는 경우도, 상대 쪽에서 시비를 걸어와 싸움이 났는데 외국인 신분이라는 이유로 부당한 대우를 받는 상황도 생길 수 있어요. "한국이었으면 이러지 않았을 텐데… 나의 존재 자체의 이유로 작아지지 않았을 텐데…"라는 생각들이 내 뇌를 지배하며 유학을 포기하고 싶어지는 순간들 말이에요.

그런 순간에는 스스로에게 이런 질문을 해보세요.

"내가 오 년, 십 년이 지난 후 이 순간을 뒤돌아보면 후회할까?" "십년 전 그때 그 순간에 단 한 번만 더 용기를 내볼 걸 그랬나?" 당신의 이야기 같다면 정말 포기하고 싶은 그 순간 눈 딱 감고 다시 한번 시도해 보길 바라요. 지금 이 순간 내 속에는 불도저 같은 자아가 들어왔다고 믿어버리고 무작정 질러버리는 거예요. 그 뒷일은 내일의 김하영이 수습해 줄 거라 믿으면서요.

저의 인생에서 처음으로 큰 용기를 냈던 순간을 생각해 보면 중학교

1학년의 제 모습이 생각나요. 당시 남성중학교 1학년 7반의 실장이었지만 내가 실장으로서 잘 하고 있는지도 모르겠고, 공부도 열심히 하는 것 같지 않고 여러 가지로 마음에 들지 않는 내 모습에 스스로에게 실망을 하고 있었던 시기였어요. 사춘기 중학교 1학년에겐 어찌나 속상함으로 다가왔는지 모든 걸 다 리셋해 버리고 싶던 그 어느 날 학기 말이 되었고 학부장 선생님께서 수업 중 저희에게 공지사항이 있다며 말씀하셨어요. "얘들아 이제 전교 부회장 후보를 신청받을 때가 왔어. 관심 있는 사람들 손들어 봐."

고-요해진 교실의 분위기. 정적이 흘렀어요. 그리고 그 순간 심장이 콩닥콩닥 뛰었어요. "전교 부회장이라니! 이건 전 학년에서 단 한 명만이 맡을 수 있는 아주 멋있는 자리가 아닌가! 모든 걸 리셋하고 내가 한 발자국 더 발전할 수 있는 발판이 되지 않을까!" 그와 동시에 "지금 실장 하면서도 스스로에게 실망하고 있으면서 전교 부회장이라니 무슨 소리야. 포기해"라는 극과 극인 마음의 소리가 저를 괴롭히고 있었어요. 아이들 모두 서로의 눈치만 보며 요리조리 눈을 굴리는 그 10초도 안 되는 순간이 왜 제겐 5분은 넘는 것 같이 길고 숨 막히게 다가오던지요. 그리고 그 순간이 저에게 다시는 오지 않을 순간임을 직감한 저는 스스로에게 소리쳤어요. "김하영! 손들어!"

"저요!!!!!!!!!"

눈 딱 감고 지른 한 마디. 제가 봐도 너무나 당차게 지원을 했고, 그래서인지 저를 제외하고는 그 누구도 지원도 추천도 하지 않았고 그렇게 무표 당선으로 전교 부회장이 되었어요.(저 빼고 아무도 나오지 않았음을 지금까지도 아주 감사하게 여기고 있답니다. 하하.) "해보니 되잖아?"라는 것을 체감한 순간이었고, '완벽'과는 거리가 먼 사람이지만 사람이 자리를 만드는 것이 아닌 자리가 사람을 만든다는 말을 몸소 배운 일 년이었어요. 이를 발판으로 그 후에도 저는 크고 작은 순간에 용기를 발휘하는 저만의 훈련을 했고, 그렇게 중3 때 전교 회장이라는 자리에도 도전하여 당선되는 영광을, 중국으로 유학을 간 후에도 제가 다닌 국제고등학교 역사상 '첫 외국인 여성 전교 회장'이 되는 영광을 얻을 수 있었답니다.

14살의 김하영이 전교 부회장에 출마하는 용기를 내지 못했더라면 15살에 전교 회장에 출마라는 도전은 저에게 더 큰 두려움이었을 테고 더 쉽게 포기해 버렸겠죠. 맹세컨대 단 한 순간도 쉬웠던 순간은 없었어요. 중국어를 배운 지 1년밖에 되지 않은 제가 중국인들이 90%인 학교에서 전교 회장으로 출마하겠다고 마음을 먹는 게 어찌 쉬웠겠어요. 매 순간 떨림의 한도를 넘어 심장이 입 밖으로 튀어나올 것 같았어요. 단지 용기를 낸 선택이 차곡차곡 쌓여가며 후회가 없을 때 오는 행복감이 얼마나 큰 것인지 몸소 느껴왔기에 조금씩 더 큰 용기를 낼 수 있었던 거예요.

유학 중 너무 벅차 모든 걸 포기하고 싶은 순간이 온다면 유학을 준비하기까지 부모님을 설득하고, 유학을 다짐하기까지 고민했던 자신의 모습을 생각해 보길 바라요. 계획대로 되지 않고 현실이 무서워 도망가고 싶은 순간이 온다면 유학을 오기까지 설레던 내 모습을, 그 간절함을 다시 한번 되새겨 봐요. 어떻게든 돼요. 사람은 그렇게 약하지 않아요. 나 스스로를 믿고, 그게 안 된다면 그냥 지금 이 글을 쓰고 있는 작가를 믿고 한 번만 해보시기를 바라요.

십 년 뒤의 내가 오늘의 나를 뒤돌아봤을 때, "참 열심히 잘 살았네"라고 칭찬해 줄 수 있는 오늘을 살아요, 우리.

위기

유학이라는 길 속, 너무 많이 두려워하지 않길, 방황하지 않길.
그 끝에 한층 더 성장해 있을 자신의 모습을
기대하는 마음으로 담대히 나아가길.
Slowly but surely, you are going to make it.

위기: 유학에서 겪게 되는 고난들

"10여 년의 유학생활 중 내가 '위기'라고 생각한 시점은 언제일까? 어떠한 힘듦이 나를 절벽으로 몰아세우고 유학을 포기하고 싶은 마음을 갖게 했을까?" 마주하기도 벅찬 순간들을 뒤돌아보고 글로 풀어낸다니 이 과정 자체가 위기네요. 하하. 하지만 여러분께 최대한 솔직한 유학 경험을 공유하고자 용기 낸 이 챕터는 저의 아픔을 들여다보고 솔직해지는 과정이기도 했답니다. 유학 중 제가 고난이라고 느꼈던 순간들을 카테고리별로 분류해 본다면 크게 세 가지였어요.

1. 나와의 문제: 슬럼프, 외로움, 번아웃
2. 남과의 문제: 인종차별, 인간관계
3. 불가항력의 문제: 도둑, 사고, 사기와 같은 제3의 요소

혹여나 같은 상황에 처할 수 있는 여러분들을 위해 저의 위기는 이땠는지 그리고 어떻게 딛고 일어섰는지 공유하려 해요.

나와의 문제

그 누구도 아닌 나 스스로가 나를 나락으로 몰아세울 때가 있어요. 어제와 다를 것 하나 없는 오늘 갑자기 스스로가 미워 보이고 나의 상황이 너무나도 한심해 보일 때. 능력치의 한계에 부딪히거나, 정신적인 스트레스가 극에 달해서, 혹은 홀로 타지 생활을 하며 사무치는 외로움에 자기 연민에 빠져서. 수없이 크고 작은 이유들이 나 자신을 괴롭힐 수 있어요. 그러나 원인이 있는 이유들로 스스로를 힘들게 하고 있다면 그나마 다행이죠. 이유가 있다는 건 돌파구 또한 찾을 수 있기에. 가장 힘든 것은 나 스스로도 이해할 수 없는 감정에 사로잡혀 자신을 출구 없는 우울함의 늪으로 잠식시킬 때랍니다.

제가 받은 질문 중 마음이 아팠던 질문은 "하영님. 타지에서 홀로 생활하실 때 슬럼프가 오면 어떻게 극복하시나요?"였어요. 누군가가 슬럼프를 겪으며 저에게 도움을 요청하는 것 같아서, 또 당장은 겪고 있지 않더라도 슬럼프의 위기에 미리 움츠러들고 있는 게 느껴져서. 제가 말씀드리고 싶은 것은 홀로 있는 저나 누군가와 함께 있는 사람의 슬럼프는 그리 다르지 않을 거예요. 슬럼프에 빠지는 순간 주위 사람 유무를 막론하고 나를 홀로 가둬두게 되니까요.

저의 슬럼프는 대학교 3학년을 마치고, 휴학 기간 중 들이닥쳤어요. 주변 사람들에게 항상 긍정의 아이콘이라는 피드백을 받아온 저였고, 그런 저의 모습에 자부심이 있었죠. 학기말 파이널 시험 3일 전, 자취하던 집에 도둑이 들어 이사와 시험공부를 병행했어야 했을 때도 "도둑이 내가 집에 있을 때 들어와 다치지 않은 게 어디야"라고 생각했고, 교통사고를 당해 애정하던 회사를 그만두어야 했을 때도 이 또한, "내 인생에 쉬어가는 타이밍이 필요했나 보다"라고 생각했어요. 아무리 안 좋은 일이 있어도 그 속에서 좋은 점을 찾으려 끊임없이 노력하는 저였는데, 그런 저에게 슬럼프는 정말 별다른 이유 없이 조용히 찾아왔죠. 인생의 큰 레슨을 가져다준 제 인생의 암울기.

이유라도 안다면 어떻게 헤쳐 나갈지 해결책이라도 세울 텐데 막막했어요. 문제가 해결되기 전까지 그 누구에게도 말하지 못하는 성격이기에 가족, 친구와 함께 있어도 손 벌리지 못했고 오히려 스스로를 더 혼자만의 공간에 가둬두고 있었어요. 슬럼프에 빠져본 분들이라면 공감하실 거예요. 이런 일이 있을수록 전문가 혹은 주변 사람들에게 손 내밀어야 한다고 하는데 나의 힘듦을 입 밖으로 내뱉는 에너지조차 남지 않아서, 그 과정 자체가 너무 고통이어서 안 하는 게 아니라 못하는 상황을요.

조금 암울할 수도 있지만 또 한 가지 슬픈 사실은 우리 모두 각자의 인생에서 저마다의 전쟁을 치르고 있기에 생각보다 사람들은 다른 사람의 인생에 그리 크게 관심이 없다는 것. 그리고 우리를 사랑해 주는 가까운 사람들이 있다고 하더라도 부정적인 에너지가 반복되다 보면 주변 사람들까지 함께 나락으로 끌고 내려가기에. 그렇기 때문에 힘든 마음을 혼자 안고 가는 경우가 많은 것 같아요. 슬럼프 극복기에 답이란 건 없지만 외국 타지에서 저와 같은 슬럼프를 경험하실 분들께 조금이라도 도움이 되고자 저의 슬럼프 극복기를 공유드려요.

슬럼프가 찾아왔을 때 저에게 가장 큰 도움이 되었던 관점은 현재 삶을 뒤돌아본 후 "지금 나의 인생에서 잘못된 부분이 있구나"라는 인정과 "그렇다면 잠시 수정하고 가야겠다"라는 마음가짐. 힘들었을 나를 토닥이되 최대한 빨리 상황의 본질을 파악하기 위해 노력을 해요. 자잘한 생각을 하기 시작하면 끝도 없이 나락으로 빠질 수 있기 때문에. 그리고 그 나락은 주변 사람까지 함께 끌고 내려가기에.

제가 슬럼프를 극복할 수 있었던 가장 효과적인 방법 세 가지는 '① 내버려 두기', '② 운동하기', '③ 심리 서적 읽기'랍니다.

① 내버려 두기

많이들 슬럼프를 '늪'이라고 표현하죠. 제가 슬럼프에 빠졌을 때 처음 들었던 감정은 "나 지금 이러한 감정을 왜 느끼고 있지?"라는 당혹스러움이었어요. 그리고 머지않아 찾아온 "나 긍정적인 사람이잖아. 왜 이 따위 슬럼프조차 이겨내지 못하고 있지?"라는 스스로 한심하다는 생각. 사실 제가 직접 겪기 전까지는 TV에 나오는 연예인들 그리고 많은 업적을 이룬 사람들의 슬럼프 이야기를 들을 때 그들의 이야기가 별것 아닐 거라고 생각했어요. 모래사장에서 열심히 논 후 손을 탈탈 털면 모래가 다 사라지듯 슬럼프 또한 "이제 이 더러운 기분을 없애보아야지!"라고 생각하고 털어낸다면 다 괜찮아지는 것일 줄 알았어요.

하지만 정작 제가 빠져보니 속수무책이었죠. 한두 번 퍼덕이면 괜찮을 것 같다가도 한 템포 방심하는 순간 더 파묻혔고, 안 되겠다 싶어 발악하니 그땐 이미 걷잡을 수 없는 상황이었죠. 아무리 노력해도 벗어나기 힘들다면, 체력만 소진되는 것 같고 더 나락으로 향하는 것 같다면 그때는 차라리 "아… 이게 바로 감정의 늪이구나"를 인정하고 그 안에서 나의 감정에 잠식되어 보는 것 또한 방법이라고 생각해요. 지금까지 열심히 달려온 나를 위한 온전한 시간, 나를 돌보아주는 시간. 내가 왜 번아웃 상태에 이르게 되었는지, 부정적인 감정의 원인은 무엇인지 충분히 생각해 보는 시간을 갖는 거죠. 거창할 것 없어요. 그냥 내 방 침대에 누워 천장을 멍하니 바라보며 나만의 공간에 갇혀보는 거예요. "내가 언제 또 슬럼프를 겪겠어"라는 마음으로 한 발자국 뒤에서 하나의 경험으로 생각해 보면 좋을 것 같아요. 너무 괴로워 빨리 벗어나고 싶다가도 이것도 한때고, 지나갈 시기라는 것을 알잖아요. 시간이 지나 이런 내 시간도 안쓰럽고 애틋하게 회상할 것을 알기에 더 깊이 있게 고민하고 더 치열하게 이 시기를 지내보기로 해요. 힘이 남는다면 좋아하는 캔들과 무드 등, 감성적인 노래로 순간을 채우고 왕하고 울어버려요. 슬럼프에 이 모든 것은 사치라고 생각될 수 있지만 저를 믿고 함께 해 봐요. 가장 잊지 말아야 할 한가지는 우리는 소중한 존재라는 사실이니까요.

② **운동**

내적 고민을 통해 나를 모질게 대한 스스로를 용서하는 과정을 지나고 나면 외적으로 에너지를 발산함을 통해 스트레스를 해소하는 과정이 필요해요. 혹여 나를 용서하는 과정이 아직 끝나지 않았다고 해도 미칠 듯 우울한 시간을 못 견딜 것 같은 상황에 놓인다면 운동을 추천드려요. 에너지를 발산함과 동시에 나 스스로를 더 사랑하게 될 수 있는 최고의 방법이라고 자부한답니다. 과학적으로도 운동을 통한 노폐물 배출은 건강에도 좋고 나날이 잡혀가는 나의 근육을 보며 드는 성취감은 우울증 치료에도 좋답니다. 헬스장에 간다고 한들 운동을 해본 적이 없어 내가 바보 같아 보이지 않을까, 괜히 몸이 아프지 않을까 두려운 분들이 있다면 운동을 시작할 때 기초를 올바르게 잡아놓는 것은 장기적인 관점에서 아주 중요한 일이니 적정 기간 동안 PT(personal training)를 받으시는 걸 추천드려요. 경제적인 부담이 된다면 유튜브를 통하여 배워보는 것 또한 추천드리고요. 그렇게 단련을 통해 나를 신체적인 한계에 몰아넣으며 몸의 반응을 느껴보고, 그 한계를 극복하는 과정을 통해 성취감을 느껴가는 것. 눈앞의 작은 목표부터 달성해

가며 성취감의 근육을 단련시키는 훈련은 정신 건강에도 이로운 과정이에요. 땀을 한 바가지 흘린 뒤의 상쾌함, "오늘도 해냈다"라는 뿌듯함과 자연스레 따라오는 몸의 가벼움은 얼마나 짜릿한지. 내가 봐도 점점 멋있어지고 예뻐지는 나의 모습, 거기에 "어머 왜 이리 몸이 좋아진 거야? 보기 좋아졌다!"라는 주변의 칭찬들까지 더해지면 괜스레 기분 좋아지고 자연스레 자신감도 차오를 텐데 정말 좋은 일 아니겠어요? 나의 몸을 만드는 것에 성공했다는 사실과 노폐물이 배출됨에 상쾌해지는 기분은 나의 일상에 많은 변화를 가져다줄 거예요.

③ 책

지금 이 글을 읽으며 "독서? 너무 진부한 해결책 아닌가? 독서는 진짜 너무 싫은데…"라고 생각하실 수도 있어요. 그런데 여러분 저도 독서를 좋아하게 된 지 고작 몇 년 안 되었답니다. 정확히 말하자면 저는 독서를 정말 싫어했어요. 앉아서 왜 눈 아프게 작은 글씨들을 붙잡고 있어야 하는지. "차라리 책을 영상화한 영화를 볼 테야. 나는 독서가 없어도 생각의 폭이 넓고 방대한 지식을 가질 수 있다는 걸 증명해낼 테야" 쪽의 사람이었다니까요. 하지만 지금 독자분들 중 독서를 싫어하시는 분들이 계시다면 다시 한번 생각해 보아요. 우리가 머릿속에 인식되어 있는 '책'이란 별 관심도 없는데 억지로 읽어야 했던 글자 모음집이 아닌지. 그래서 우리가 독서가 무엇인지 제대로 접하기도 전에 싫어하게 되었던 것이 아닌지. 독서를 거부하는 건 읽고 싶지 않았던 책을 읽으라는 강압과 강요에 대한 반항은 아니었는지.

아르바이트를 한 번이라도 해본 사람이라면 알 거예요. 남의 돈을 벌기란 얼마나 힘든 일인지. 그런데 작가라는 분들은 흰 종이에 검정 글씨로 돈을 벌어야 하는 직업인데 얼마나 혼신을 다해 자신의 인생을 쏟아부으셨겠어요.(물론 이 글을 쓰고 있는 저 또한 포함되고요. 하하.) 돈이 책을 쓰는 가장 큰 목적은 아니지만 그만큼 자신이 말하는 바와 진심을 독자들에게 가장 효과적으로 전달하기 위해 최선을 다했을 것이라는 말이에요. 그 뜻은 책을 읽는다는 것은 단돈 만 얼마로 우리가 닮고 싶은 분들, '도대체 이 사람은 어떻게 살았을까?' 싶은 분들이 살아온 인생 노하우를 배울 수 있는 기회라는 것. 정말 말도 안 되는 가성비 아닌가요?

저는 슬럼프가 찾아오고 그 누구에게도 저의 힘듦을 말할 수 없었을 때에도 해결책을 너무 찾고 싶었어요. 나의 상황을 진단해 줄 전문가가 있었으면 좋겠다 싶었고 정신 병원도 생각해 보지 못한 건 아니었으나 혹여나 진료 기록이 남아 나중에 부모님께 상처를 주진 않을까 싶어 가지 못했죠. 그때 심리 관련 서적에 눈을 떴고 제가 읽고 싶은 도서를 직접 골라 한 권 한 권 읽어갈 때 나의 상황을 잘 설명해 주고 있는 책들에 너무나도 위안을 받고 나를 이해해 가는 배움의 과정에 해방감이 들었어요. 제가 느끼는 감정의 원인을 하나둘 이해해 나갈수록 그 감정을 풀어나갈 실마리 또한 보였고 그건 저만의 심리 상담사를 얻은 기분이자, 힐링이었어요. 그렇게 심리 서적을 시작으로 제가 배우고 싶은 분들의 이야기를 담은 자기계발서, 경영 서적 등 독서 분야를 확장해 나가며, 헌책방과 서점을 구경 다니는 건 저의 취미가 되었답니다. 왜 내가 이제야 독서라는 걸 좋아하게 되었는지 아쉬웠기에 여러분도 직접 읽고 싶은 책을 찾아 나서는 여정을 경험해 보시는 걸 추천드려요.

그리고 여러분께 용기를 드리고 싶어 여담으로 말씀드리자면 독서를 통해 지금은 남이 아닌 나에게 집중해야 하는 시기임을 깨달았을 때, 그리고 내면의 치유가 진행되어 누군가에게 말할 용기가 조금은 생겼을 때, 용기 내어 정신과에도 다녀왔답니다. 우리가 코감기에 걸리면 이비인후과를 가듯, 마음이 아플 때 마음의 병의 전문가인 정신과에 가는 건 너무나도 당연한 일이고, 나의 아픔을 치료할 수 있는 가장 효율적인 방법일 수도 있다는 생각을 하게 되었어요. 다행히 저는 치유가 된 상태였고 제가 괜찮아지고 있는 과정임을 확인해 줄 전문가가 필요한 단계였기에 약은 처방 받지 않아도 되었지만, 누군가에게 말할 용기가 있는 분들은 한 번쯤 방문해 보는 것도 추천드려요.

이 모든 과정을 나를 알아가는 시간이라고 생각하면 좋을 것 같아요. 누구나 인생에서 겪을 성장통을 우리는 유학 기간을 통해 조금 미리 겪는 것일 거라 생각해요. 더 어릴 때 겪게 되어 억울할 수도 있지만 더 잃을 것이 없을 때 겪게 되어 다행이라 생각하는 건 어떨까요?

남과의 문제

인간은 사회적인 동물이기에 다른 사람들과 함께 살아가죠. 타지에서 혼자 헤쳐나가며 나 혼자의 인생도 감당하기 벅찬데 거기에 다른 사람과의 갈등을 얹는다는 것. 그 스트레스에 억울함까지 더해지면 그때는 모든 걸 다 버리고 나의 편이 있는 한국으로 돌아오고 싶어지죠. 유학하며 겪을 수 있는 '타인과의 갈등' 유형엔 크게 두 가지가 있어요.

1. 인종차별로 인한 갈등
2. 타지에 홀로 떠나와 새롭게 형성하는 인간관계 속 갈등

인종차별

저에게 '유학생'이라는 타이틀이 달린 후 인간관계 관련하여 가장 흔하게 듣는 질문 중 하나, "인종차별을 당한 적은 없었나요?" 다행인 점은 타지에서 혼자 생활할 때 직접적인 인종차별을 경험한 적이 없다는 점. 유사한 경험이라면 이탈리아에서였는데요. 같은 대학교를 다니며 알게 된 한국인 친구와 밀라노 두오모 근처에 있을 때 제가 잠시 다

른 가게의 쇼윈도에 한눈을 판 사이 지나가던 행인이 제 친구에게 "Go back to your country China!"라고 경멸에 담긴 소리를 질렀어요. 멀리서도 들리던 고함, 그 순간 집중되던 주변 사람들의 시선. 그것이 비웃음이든 연민이든, 굉장히 낯뜨겁고 기분 나빴죠. 상상도 못 할, 상식 밖의 인종차별은 마치 이정표처럼 유학생들을 따라다녀요. 정말 무서운 사례들을 생각해 보면 이유 없이 지나가는 행인의 뒤통수를 유리병으로 가격하고 도망가는 '뻑치기', 칼로 행인을 습격하는 '칼 빵'과 같은 것들. 다양한 사건들을 모두 종합해 봐도 어떠한 경우에도 정당화될 수 없는 인종차별이지만 언제든 이유 없이 어이없는 일이 일어날 수 있다는 사실이 정말 두려운 거죠.

어떻게 하면 유학길에 올라 이러한 상황에 처할 수 있는 여러분들을 준비시켜드릴 수 있을까 생각해 보았을 때, 속상하게도 악의를 품은 사람 앞에는 딱히 이렇다 할 방법이 없어요. 하지만 저희가 할 수 있는 최선의 방법이라면 즉각 대응할 자세와 당당한 태도를 고수하는 것. 대응할 자세라 함은 혹여나 무지한 사람들이 당신에게 창피함을 주려고 할 때 다시는 그럴 엄두도 내지 못하도록 당당하게 그 자리에서 반박하고 얼마나 수치스러운 행위인지 일깨워 줄 수 있는 마음가짐과 언어 실력을 뜻해요. 그리고 당당한 태도는 애초에 나에게 쉽사리 말을 걸지 못하도록 나란 사람 자체의 아우라를 만드는 일이에요. 낯선 나라의 이방인이라는 신분 때문에 '친절함'을 몸에 밴 채 살아가는 분들을 많이 봐왔는데요. 저 또한 그런 시기가 있었어요. 하지만 친절함을 '약자, 무시

허용'의 신호로 여기는 사람들 때문에 '당당한 태도'를 고수하기 시작했죠. 대표적으로 유럽 교환학생 시기, 현지인 같아 보이기 위해 이탈리아 친구들에게 그들의 일상 습관에 대하여 질문하고 '쉽게 날 건드리면 넌 오늘 죽는 거야'라는 표정을 박제하고 다녔어요. 혼자 여행을 하며 이런 태도를 고수했던 유럽 여행 초창기 때의 저의 모습을 생각하면 정말 지금도 기특하다니까요. 하하. 물론 그때의 저처럼 매일 눈을 부라리며 살아갈 수는 없는 노릇이지만, 나를 무시하지 않을 정도의 카리스마. 나를 건드리려 하면 매섭게 째려보며 '뭐?'라고 할 수 있는 정도의 당당한 태도를 추천드려요. 밀라노 교환학생 시기에 대한 자세한 이야기는 '쉼표' 챕터에서 더 전해드릴게요.

인간관계

인간사 고난과 행복이 다 인간관계와 관련이 있다고 해도 과언이 아닐 정도로 우리의 일상은 사람과 연결되어 있어요. 그만큼 인간관계는 참 어려운 문제이고 아주 작은 갈등이 일상생활에 큰 지장을 주기도 하죠. 나의 좋은 의도를 상대방이 오해하는 경우도 있고 내가 호감을 갖고 다가갈지라도 상대방이 나를 달갑게 여기지 않는 경우도 허다하지요. 인간관계의 사소한 기류 변화가 일상에 많은 영향을 미친다는 것을 알 때, 타지에 홀로 떠나와 새로운 인연을 만들어가는 일은 괜히 더 조심스러울 수 있어요. 조건 없이 사랑을 주는 가족과 이미 나 자신을 있는 그대로 인정해 주는 친구들 곁을 떠나 다시 모든 인간관계를 새로 만들어가는 과정이니 말이에요. 새로운 사람들에게 내가 어떤 사람인지 설명하고, 내가 괜찮은 사람이라는 걸 보여줄 수 있도록 노력하는 것은 생각보다 까다로운 과정일 수 있어요. 이미 친구 관계가 형성되어 있는 그들에게 나는 딱히 필요한 존재가 아닐뿐더러, 한국어로 나를 설명하기도 벅찬데 외국어로 외국인들에게 나 자신을 증명해야 하는 일까지 추가되기 때문이죠. 물론 누군가와 꼭 함께 어울려야 하는 것은 아니지만, 외국 생활 내내 혼자 살 수는 없잖아요?

더 나아가 '전개' 부분에서 말씀드린 것과 같이, 한국 유학생 사회만 고려해 보아도 작은 한국이기에 나의 사소한 행동에도 무성한 소문이 생겨날 수 있고, 조심한다고 해도 나의 말이나 행동이 의도와는 다르게 와전 혹은 과장되어 전해지는 경우들이 있기 때문이에요. 괜한 오해와 소문에 사로잡혀 외톨이가 될까 두려운 분들, 어떠한 관계를 형성해 나가야 할지 고민인 분들을 위해 인간관계에 대한 생각을 공유하려 해요.

① 천천히 진심을 담아 스며들기

최근 SNS에서 '인생을 살며 필요한 친구 유형'이라는 글을 읽었어요. 건강 관리를 철저히 하는 친구, 취미가 같은 친구, 이런 친구 저런 친구 다양한 친구 유형이 있었죠. 그 글을 읽고 "나에게는 어떤 친구들이 있고 그럼 나는 어떤 친구들이 더 필요한 걸까"라는 생각이 들었고, 꽤 긴 시간 복잡한 고민을 하게 되었어요. 그리고 내린 결론, "난 여러 종류의 사람들로 인생을 채우기보단 내가 소중히 생각하는 사람들에게 다양한 유형으로 도움이 되는 존재가 되어주고 싶다." 사람의 특성을 필요한 요소로 여기는 것이 아닌 내 삶에 들어와 준 한 명 한 명의 사람들을 소중히, 진심으로 대하고 싶었어요. 어떻게 하면 가능할까요? 단시간에 가까워지기 위한 과도한 노력을 쏟는 것이 아닌 하루하루 추억을 쌓으며 서서히 서로의 일상에 스며드는 것. 내가 어떠한 사람인지에 대한 이해와, 함께 인생을 꾸려나가고 싶은 사람들은 어떤 사람인지에 대한 깊은 이해가 있을 때. 마음이 맞는 사람들끼리 모여 인연이 되는 거라고 생각해요. "나랑 친하게 지내 줘! 나랑 시간 좀 보내자!"와 같은 부담스러움이 아닌 "나는 이런 사람이야. 너는 어때?"라는 여유를 갖고 상대방 곁을 지킬 때, 시간이 지나면 자연스레 상대방 또한 '이 사람은 내 곁을 묵묵히 지켜주는 사람이구나'라는 생각을 하게 되죠. 그렇게 천천히 다가가고 서서히 서로의 일상을 채워나갔기에 지금 제 곁에는 다양한 색채로 제 삶을 소중하게 귀하게 채워주는 버팀목 같은 친구들이 있답니다. 유학 중 친해지고 싶은 사람이 있다면 너무 조급해하지 말고 한결같이, 묵묵히 곁을 지켜주는 사람이 되어주세요.

② 분노는 최대한 느리게 사과는 최대한 빠르게

사람들과 좋은 관계를 유지하려고 했음에도 불구하고 우리의 인생에 갈등은 찾아오죠. 갈등의 원인은 나일 수도 혹은 상대방일 수도. 갈등의 원인이 누군지에 따라 제가 지키는 관계론이 있는데요, 바로 '분노는 최대한 느리게 사과는 최대한 빠르게'랍니다.

상대방이 갈등의 원인이라고 가정하였을 때, 즉각적으로 분노하며 나의 감정을 표출하는 것이 과연 현명할까요? 나의 감정에 솔직하고 나에게 부정적인 에너지를 해소할지언정, 소중했던 사람을 잃거나 더 나아가 그로 인한 스트레스가 동반될 수 있죠. 나의 의견을 확실히 표명하는 것은 좋지만 때로는 보다 신중한 결정을 위해 한 템포 쉬었다 가는 것이 더 나은 방법이더라고요. 상대방의 잘못으로 인해 정말 화가 나고 분노가 차오르는 그 순간. 그런 순간들을 대처하기 위한 저만의 세 가지 법칙을 공유하려 해요.

- 딱 하루만 참아보자

전에 만나던 분과 치열하게 다툰 적이 있어요. 서로 싸우고 싸우다 지쳐 잠들어 버렸죠. 아침이 밝고 잠에서 깨어나 어젯밤 다툼을 회상해 보니 화를 낸 이유는 뚜렷이 기억이 나지 않고 화가 났던 감정선만 기억나 굉장히 당황스러웠어요. 어렵게 다툰 이유를 생각해 냈을 때 "도대체 왜 이런 걸로 밤을 새우며 감정 소모를 했지?"라는 마음. 정말 당시에는 피가 솟구치듯 화났던 일들이 한 발자국 뒤로 물러서서 바라보면 정말 아무것도 아닌 일로 다가오는 순간들. 그에 비해 우리가 쓰는 에너지는 너무 소비적이에요.

정신과 전문의 양창순 박사님의 저서 《나는 까칠하게 살기로 했다》에 의하면 분노의 마지노선은 대개 하루를 넘기지 않는다고 해요. 그렇기에 상대방과의 갈등에 있어 문제의 본질에 대한 논의가 아닌 상대방에게 감정적인 분노만 표출할 것 같다면 "아, 이 순간만 참아보자"라는 생각을 습관화시켜 보는 걸 추천드려요. 그 분노의 마지노선이 지나기까지 참는 건 내가 지금 나의 인간관계를 심폐 소생시키는 중이라는 생각으로 말이에요. 그 시간 동안 나의 감정을 조금 더 객관적으로 들여다보며 나의 분노의 원인에 대해 진지하게 고민해 봐요. 이게 정말 상대방만의 잘못이었는지, 내가 그의 의도와 다르게 받아들인 건 없는지.

- 왜 화가 났는지, 상대방에게 무엇을 원하는지만 간결하게 이야기하자

하루가 지난 시점에도 상대방에게 말을 해야 하는 사안이라면 상대방과의 대화 전 시뮬레이션을 해봐요. 내가 어떤 말을 전달하고 싶은지, 나의 요지가 무엇인지 말이에요. 간결 명료하게 사건의 팩트와 요점에 초점을 맞추어서. 아무런 생각 없이 나의 분노한 감정에 초점을 맞추어 상대방에게 말을 하게 되면 그건 더 이상 대화가 아닌 일방적인 퍼붓기가 될 수 있어요. 언어적인 폭력은 신체적인 폭력보다 오래간다고 해요. 관계를 회복하기 위해 시작한 대화가 언어폭력이 되어버린다면 그건 너무 속상하잖아요?

- 상대방에게도 자기 입장에 대해 이야기할 기회를 주자

내가 화난 데에는 나만의 타당한 이유가 있듯, 상대방 또한 그런 행동을 고수한 데에는 그만의 이유가 있을 수 있어요. 그 이유는 악의 없는 무지 혹은 그 사람의 성장배경에서 비롯된 트라우마와 같은 다양한 것이 될 수 있으니, 그들의 입장을 이야기할 기회와 편견 없이 들어줄 여유 있는 마음을 가져봐요. 이러한 과정이 상대방과의 관계를 정리해야 하는 확실한 판단 과정이 되어줄 수도, 그들을 진정으로 이해하고 더 깊이 있는 관계를 형성해 나갈 수 있는 기회가 될 수도 있죠. 어떠한 방향이든 더 성숙한 관계 형성을 위한 밑거름이 되어줄 거예요.

상대방이 나에게 상처를 주는 경우가 있다면 그와 반대로 내가 상대방에게 실수를 해 사과를 해야 하는 상황 또한 있죠. 그런 순간들은 어떻게 헤쳐 나가야 할까요? "이렇게 해야만 해!"라는 답이 정해져 있지는 않지만 관계 개선을 위해 제가 꼭 지키는 두 가지 법칙이 있어요.

- 최대한 빨리 실수를 인정하고 진심이 담긴 사과를 전하자. 그리고 다시는 그런 일이 없도록 우리 스스로를 개선하자

꼭 최대한 빨리하기를 바라요. 인생은 타이밍이듯 사과에도 타이밍이 있는 것이니까요. 제가 이러한 깨달음을 얻었던 건 고등학교 때인데요. 저는 사과의 타이밍을 놓쳐 아직도 미안한 마음 가득한 채 연락을 닿으려 노력하고 있는 동생이 있어요. 왜 기회가 있을 때 하지 못 했는지, 왜 "내 연락을 받기 싫어할 거야"라는 생각과 더 좋은 타이밍이 있을 거라는 생각으로 버티고 있었는지 아직도 후회가 많이 된답니다. 여러분들은 기회와 시간이 주어질 때 꼭 좋은 결정을 내리실 수 있었으면 좋겠어요.

- 상대방에게 사과를 받아들일 시간과 공간을 주자

우리는 사람인지라 내가 큰 용기를 내 사과를 할수록 그만큼 상대방의 즉각적인 반응을 기대하게 될 수 있어요. "응. 그래. 나 이제 괜찮아"라는 명쾌한 해답 말이죠. 상대방이 내가 사과를 했음에도 아무런 반응이 없다 한들 "내가 사과를 했는데 너는 왜 받아주지 않니?!"라는 땡깡은 피우지 말아요. 최소한 상대방이 나의 진심을 느끼고 다시 예전의 관계로 돌아갈 수 있도록 상처가 아물 여유를 주자는 이야기예요. "나는 사과를 했으니 이제 홀가분함!"이라는 태도를 취하는 '자기의 죄책감을 없애기 위한' 진심이 결여가 된 사과는 상황을 악화시키기만 한답니다.

③ 너무 눈치 보지 말자 우리

이탈리아 밀라노에서 교환학생 생활을 하던 중 독일 함부르크에 있는 친구를 보러 간 적이 있어요. 중학생 때부터 친구였던 그 친구와 우리가 어떻게 살아가고 있는지에 대해 심도 있는 대화를 나누던 중 저의 뇌리에 박힌 친구의 말이 있어요.

"하영아 너는 잘하고 있어. 그런데 가끔 그 '열심'이 벅차지 않을까? 싶기도 해."

그 순간에는 별생각 없이 지나쳤던 말이 시간이 지날수록 머리에 맴돌았고 어떤 의미일까 싶었어요. 곰곰이 생각을 해보니 이해가 가더라고요.

저는 증명하려고 해요. 한국에 계신 저희 부모님께 나의 일거수일투족을 보여드릴 수 없으니 결과로 보여드리려 하고, 등골 휘어가며 딸을 유학 보낸 그들의 선택이 옳은 것이었다는 걸 보여드리려 해요. 아니, 될 수 있으면 저를 유학 보내기로 한 선택이 최고의 선택이었다고 느끼실 수 있었으면 좋겠어요. 본인들이 누릴 수 있는 것들을 포기해 가며 나에게 희생해 주신 부모님께 동네방네 자랑하고픈 딸이 되고 싶고, 될 거예요. 여기까지는 멀리 한국 땅에 계신 저의 부모님을 위한 아등바등.

타지에 홀로 유학 온 학생들에게는 생판 모르는 남에게 '나는 이러한 사람이야'를 증명해야 하는 나날들이 일상이에요. 가족 없이 오롯이 홀로 선 그 세계에서 정말 기댈 사람 하나 없는 외톨이가 될지도 모르고, 아니 외톨이면 다행이죠. 나도 모르는 사이에 억울한 누명을 쓰고는 손가락질당하는 나날들에 이 세상에서 숨어버리고 싶어질지도 몰라요. 배척당하지 않으려면 잘 해내야 했고, 적어도 미움은 받지 않는 사람이고 싶었어요. 되도록이면 좋은 사람이고 싶었고요.

시선을 돌려보니 이건 비단 나의 문제만은 아니더라고요. 많은 유학생들의 공통점이었어요. 유학생들이 혼자 있고 싶어 하면서도 고질적인 고독 병을 가지고 있는 게 괜한 이유는 아니었구나, 라는 생각과 함께 유학생이 처음으로 안쓰럽게 다가온 게 그때 즈음이었을까요? "비싼 돈 주고 해외까지 나가 좋은 교육받으면서 배부른 소리하네"라는 말을 들을까 봐 입 밖으로는 말하지 못했죠. 하지만 지금 유학을 준비하는 여러분에게는 꼭 전해주고 싶어요.

"너무 눈치 보지 말자. 당당하게 우리가 할 도리만 다하자. 그리고 그 후에 일어나는 일은 가장 소중한 우리를 위해 덮어두자."

영화 〈Eat Pray Love〉를 보면 한 상담사가 세상 모든 다사다난함을 다 겪은 난민들을 위해 집단 심리 상담을 해 주는 이야기가 나와요. 전쟁 속 눈앞에서 집이 불타고, 사랑하는 가족들을 모두 잃은 그들의 상처와 아픔을 우리가 어찌 이해할 수 있을까요. 심리상담사 또한 자신이 도대체 이들을 어떻게 도와줘야 할지 긴장했지만 그들이 정작 와서 털어놓는 고민의 대부분은 놀랍게도 "저의 전쟁 트라우마는 어떻게 헤쳐나갈까요?"가 아닌 "제 친구가 제 험담을 하고 다니는 것 같아요. 이 억울함을 어떻게 풀어야 할까요?"와 같은 인간관계에 관한 고민이었다고 해요. 이렇듯 사람 사는 데에 인간관계만큼 큰 영향을 끼치는 것이 있을까요?

저 또한 인스타그램으로 이런 연락을 받은 적이 있어요.

"하영 님. 유학 중 사람들과의 관계에 치여 너무 스트레스가 심해요. 한두 번도 아니고 놓아버리고 싶네요. 당황스러우시겠지만 어디 하소

연할 곳도 없고 그냥 털어놓고 싶었어요."

메시지를 읽기만 해도 지침이 전해져 와 마음이 아팠어요. 돌고 돌아 알지도 못하는 사람에게 와서 아픔을 전하는 그의 심정은 어떠했을까요? 분명 그분도 주변 사람들의 마음에 한두 번 노크를 해보았을 거예요. 하지만 돌아오는 무관심과 텅 빈 눈동자에 상처는 더 깊어져 혼자의 방어벽을 쌓게 되었겠죠. 이러한 고민을 하게 될 후배들에게 말해주고 싶어요. 아니 너무나 소중한 한 사람 한 사람일 여러분이 이런 고민을 하기 전에 미연에 방지할 수 있게 말해주고 싶어요.

"나 스스로에게 당당할 수 있는 선만 지키자. 딱 그 정도의 적당한 예의만 갖추자. 그거면 된다. 제발 움츠러들지 말자."

타지에 홀로 있는 만큼, 내 사람이 여럿 있는 고국과는 비교도 안 되게 사소한 것들이 더 많이 크게 무섭게 다가올 거예요. 다른 사람의 따가운 시선 1초가 벌거벗은 채 무대에 세워진 한 시간처럼 느껴질 수도 있고 타인의 나무라는 말 한마디가 나를 벼랑 끝에 몰아넣고 있을 수도 있어요.

하지만 인정하고 갔으면 좋겠어요. 어차피 우린 모두에게 사랑받을 수는 없다는 점을요. 그리고 아쉽게도 이유 없이 나를 미워하는, 고질적으로 다른 사람을 헐뜯는 게 습관인 못돼 먹은 사람들은 항상 어디에

나 존재해요. 그리고 그들은 우리가 어떤 금은보화를 가져다줘도 혼신을 다해 우리를 헐뜯을 구실을 아주 기똥차게 찾아내고 말 거예요. 그들이 계속 헛소리를 할 거라면 우리는 그들에게 향해 있는 스위치를 끄고 내가 하고 싶은 걸 하며 행복한 게 낫지 않을까요? 그리고 확실한 건 그들이 가장 원하는 그림은 우리가 그들의 눈치 보며 주눅 드는 것일 거예요. 절대로, 기필코 그것만은 허락해 주지 말아요. 우리는 당당히 우리에게 소중한 사람들을 챙기며 우리의 갈 길을 가요.

그리고 걱정 마세요. 이유 없이 남의 흉을 보고 다니는 사람들은 결국 동일한 방법으로 스스로를 파국으로 몰고 가더라고요. 래퍼 김하온의 가사에도 나오듯 "부정적인 것은 질리는 맛이기에". 시간차는 있겠지만 몇 년이 걸리던 그 사람의 본성을 알아차린 사람들은 하나둘 그의 곁을 떠나갈 것이고 '끼리끼리' 사이언스가 결국엔 닮은 사람들을 모아놓을 거예요. 그들은 서로를 물어뜯다가 결국엔 피바다의 피날레를 보여줄 거구요. 그것이 그들이 선택한 길. 우린 묵묵히 우리의 길을 걸어가기로 해요. 나는 '나'이면 되는 것이고 생각이 맞는 사람들끼리 모여 인연이 되는 거예요.

불가항력의 문제

나와 남과의 문제가 아닌 제3의 요소에서 문제가 찾아올 수 있어요. 여느 때와 다를 것 없는 어느 날, 내 집에 들이닥치는 도둑이 될 수도, 나의 돈을 갈취하려 검은 의도를 갖고 접근하는 사기꾼이 될 수도, 택시를 타고 집으로 향하던 중 당하는 교통사고가 될 수도 있어요. 예를 든 상황들이 꽤나 디테일하게 들리시나요? 맞아요. 안타깝게도 제가 모두 겪은 불가항력의 문제들이랍니다.

'업다운이 심한 인생 곡선, 유학생이 겪을 수 있는 모든 안 좋은 일들을 경험해 본 사람'. 저를 나타내는 긍정적인 키워드 '#프로그램에도행복러, #빛나는열정가'와는 사뭇 다른 저의 또 다른 모습들. 다사다난한 일들로 감정의 바닥을 찍고 있을 때는 정말 두렵고 괴로웠지만 어찌 보면 그러한 경험들이 있었기에 지금 이렇게 여러분들께 다양한 경험 공유를 통해 도움이 될 수 있고 더 많은 아픔을 포용할 수 있는 사람이 될 수 있었다고 생각해요.

걱정하지 않으셔도 돼요. 제가 겪은 고통들을 지울 순 없지만 인생사 새옹지마. 힘들었던 시간들이 무색하리만큼 제 인생의 행복들이 비교도 안 되게 어마어마한 크기로 제 삶을 가득 채우고 있답니다. 그렇다면 제가 겪었던 불가항력 사건들 중 세 가지를 소개해 드릴게요.

도둑

집에 도착한 순간, 굳게 닫혀 있어야 할 문이 열려있다면 어떤 기분이 드시겠어요? "내가 문을 안 잠그고 학교를 갔나? 내가 누구한테 키를 맡겼었나? 빌딩에 무슨 일이 있었나? 나 지금 이대로 집 안으로 들어가도 되는 건가?"

여느 때와 같이 시험 기간이 돌아왔고 도서관에서 공부하고 돌아온 어느 날. 집에 도착했는데 현관문이 살짝 열려있다면? 열린 문 사이로 어렴풋이 보이는 난장판. 문을 열자 나를 반겨주던 엉켜있는 바닥의 쥬얼리, 서류, 책, 옷가지들. 너나 할 것 없이 모두 열려있던 찬장, 옷장, 서랍장 그리고 캐리어. 열려있는 발코니에 집안에 맴돌던 서늘한 냉기까지. 당장 옷장 속에서, 화장실에서 누군가가 뛰어나와 나를 해치지는 않을까 두려움 속에 행해야 했던 발걸음.

정신을 차리고 떨리는 목소리로 119에 신고하자 "그 자리에 피 나는 사람이 있나요? 없으면 기다리셔야 해요"라는 말만 남기고 2시간이 지나도 오지 않던 경찰. 가까스로 집에 도착한 그들은 무심하게 피해 물품을 적어 내려갔고, 조사하던 중 없어진 현금 액수를 말하자 "누가 그런 현금을 집에서 가지고 있죠?"라는 되려 나를 책망하던 질문. 그 의심은 이 현장이 자작극이 아니냐는 추궁으로까지 이어졌고, "여기서 더 이상 어떻게 살죠?"라는 저의 공포 가득했던 물음엔, "여기는 한 번 털었으니 이제 그들의 관심 밖이야. 이제 여기만큼 안전한 곳이 없어"라는 말뿐이었어요. "범인은 자신의 범죄현장에 꼭 다시 나타난다"라는 말은 왜 무시하는지. 여기서 끝이 아니었어요. 도난당한 물품 리스트를 작성하던 중 여분의 집 키가 없어져 겁에 질린 제게 "잘 생각해 봐. 진짜 거기 놔둔 거 맞아?"라며 별로 신경 쓰지 않던 태도. 또한 도난 리스트 중 한 가지는 태블릿 PC. 태블릿을 훔쳐갔으나 충전기는 집에 남아있었어요. 침대 옆에 꽂혀있던 충전기를 보며 "바보 새끼 충전기는 놓고 갔네. 충전 못 해서 쓰지도 못하길"이라고 생각했었던 저 자신. 지문 채취, 도난 물품 리스트, 집주인 체크 등 수사 과정을 마치고 그곳에는 더 이상 있을 수 없으니 간단히 짐을 챙겨 친구 집으로 피신했죠.

그렇게 2일 뒤. 다시 짐을 챙기러 잠시 집에 들른 저는 방문 앞에서 공포감에 온몸이 굳어버릴 수밖에 없었어요. 모든 것이 그대로인데 변한 단 한 가지, 태블릿 PC의 충전기. 굳게 닫혀있던 문고리도, 쫓기듯 도망 나왔던 집 안의 모든 상태가 그대로였는데 정말 침대 옆 꽂혀있던 충전기만 감쪽같이 사라졌더라고요. 처음 도둑이 든 사실을 알았을 때보다 더 소름이 끼치던 그 상황을 잊을 수가 없어요. 하지만 더 절망적이었던 건 또다시 119에 신고를 하면 최소 2시간을 더 기다리라고 할 텐데 두 번이나 제 안식처를 침범한 그 사람이 언제 들이닥칠지 모르는 그 급박한 불안함을 견딜 수 없어 경찰에 신고할 생각조차 하지 못하는 제 모습이었어요. 어디에도 의지할 수 없고 누구에게 도움을 받아야 할지도 모르겠는 상황. 내 인생에 있어서 가장 편안히 쉴 수 있는 안식처이자 온전히 안심할 수 있는 곳이 침범당한 그 불안함은 정말 겪지 않고서야 모를 거예요.

처음 이런 일을 겪기 전에는 집에 강도가 든다는 건, 단순히 내가 아닌 타인이 내 집에 돈 될 만한 물품을 찾으러 들어갔다 나오는 행위 정도로만 생각했어요. 내가 없을 때 발생한 상황이라면 상해를 입지도 않을 테니 더욱 큰일이 아닐 거라 생각했죠. 그런데 이게 웬걸. 이건 세상이 무서워지는 상상 이상의 공포였어요. 범죄를 저지르기 전에는 타깃의 행동반경, 행동 패턴을 파악하기 위해 며칠 혹은 몇 주씩 지켜본다고 하죠. 누군가가 저를 노리고 지켜보았다고 생각하니 정말 두려움 그 자체였어요. 그 두려움은 단지 이번 사건만이 아닌 세상을 향하게 되었죠. 저는 해가 지고 어둠이 조금이라도 덮이면 집 앞 편의점에 나가는 것조차 무서워하게 됐고, 길거리에서 타인이 시선을 주거나 근처에 조금이라도 다가올 것 같으면 저도 모르는 새에 숨을 멈추고 몸을 움츠리게 되었어요. 그뿐만 아니라 집 근처에 장시간 서 있는 자동차도 두려워하게 됐는데 이렇듯 세상은 저에게 더 이상 아름다운 곳이 아니었죠.

이러한 일들을 마주할 때 머릿속에 드는 생각은 "왜 나한테만 이런 일이 생기는 걸까? 하필 많고 많은 사람 중에 나에게만 이런 일이 생기는 걸까"예요. 딱히 내가 나 스스로를 위험한 상황에 노출시킨 것도 아닌데, 오히려 안전을 최우선으로 생각해 미국 대사관과 경찰서가 위치한 곳으로 거주지를 선택했는데 말이에요.

그 뒤로 저의 도둑 케이스는 어떻게 되었을까요? 담당 수사관이 배정되었고 진행 상황을 확인하려 전화하면 매번, 정말 매번 휴가 중이라며 자동 음성 메시지로 넘어가던 전화… 어느 하나 나를 도와주지 않았고, 누구를 믿어야 하는지, 누구에게 의지해야 하는지 전혀 모르겠는 암울함과 걱정투성이였죠. 검거할 수 있을 거란 희망을 버리는 게 오히려 너의 정신 건강에 이로울 거라던 경찰 지인의 조언. 그렇게 종료되지 않은 채 제 마음을 비우는 게 최선이었어요.

사기

집에 도둑이 들었을 때 가장 데미지가 컸던 도난 물품은 제가 고등학교 때부터 열심히 차곡차곡 모아왔던 돈과 부모님께서 보내주신 생활비였어요. 은행에 맡기기보단 제 돈이 차곡차곡 모이는 걸 눈으로 확인하는 게 좋아 집에서 직접 돈 관리를 하고 있었고요. 그러다 보니 당시 큰돈을 집에서 보관하고 있었는데 당장 사용해야 할 생활비까지 도난으로 증발해 버렸단 사실은 정말 힘들었어요. 그래도 부모님께 조금이라도 손을 덜 벌리고자 제가 갖고 있는 물건들을 팔기로 결심했죠. 집에 있는 물품들을 다 펼쳐 놓고 사진을 찍어 하나하나 중고 사이트에 업로드하고, 그렇게 처음 접하게 된 캐나다의 한 중고 마켓. 후드 티, 이어폰 등 크고 작은 물건들을 팔며 적지만 꼭 필요했던 돈을 모으고 있던 와중 제가 아끼던 카메라를 팔려고 할 때의 일이었어요. 150달러에 올린 카메라 포스팅에 어떤 남자가 "내가 지금 미국에 출장을 와 있는데 내 아내가 너무 갖고 싶어 하던 카메라라 서프라이즈를 해주고 싶어. 나 대신 우리 집으로 택배를 보내주면 택배비와 수고비로 100달러를 더 보내줄게"라며 메시지를 보냈더라고요. 사기를 방지하기 위해 "직거래만을 하겠다"라는 생각이 있었기에 거절할까 싶었지만, 당시 절실했던 제겐 100달러는 뿌리치기 힘든 선택이었죠. 구글 지도를 통해 확인한 그 사람의 주소는 캐나다 내에서도 비행기를 타야지만 갈 수 있는 곳이었고 그 사람이 저에게 해당 계좌로 돈을 보내주면 된다며 보내준 메일은 American Bank 인증 공식 문서였기에 거래를 진행하기로 했죠.

긴 이야기를 짧게 요약하자면, 이 사람은 목적을 갖고 저에게 접근한 사기꾼이었어요. 사기 계획은 다음과 같았죠.

(사기꾼: A)

(1) A는 자신이 현재 출장을 와 멀리 있기에 택배로 카메라를 보내달라고 한다 (2) 내가 택배를 부치러 우체국으로 향하면 A가 나에게 American Bank로 $250을 보낸다 (3) 카메라를 보내고 택배 송장 번호를 A가 보낸 American Bank 링크에 기입하면 돈이 나의 은

행 계좌로 자동 입금이 된다. 하지만! (3)에서 송장 번호를 기입해도 입금되지 않던 돈. (4) 돈이 들어오지 않으니 확인해 달라고 요청하자 A는 "네 은행 계좌가 business가 아닌 personal 계좌이기에 내 돈이 송금되지 않나 봐"라고 하며 "나한테 500달러를 보내면 네 계좌가 business 계좌로 변환되어서 카메라값이 송금될 거야. 카메라값이 송금되면 내가 500달러도 다시 네게 송금해 줄게"라고 했죠.

그때 당시 MoneyGram이라는 우체국에서 돈을 안전하게 송금할 수 있는 시스템이 있어서 그 창구를 이용하면 되겠다, 라는 생각이 들었죠. 그리고 얼른 카메라값을 받고 내 카메라를 잘 전달해 줘야 한다는 생각 하나로 돈을 송금했어요. 정말 놀라운 건 그 사람의 친절한 설명, 호의적인 태도 그리고 저의 간절함은 저에게 "이 사람도 나와 같이 함께 해결 방안을 모색하려는 중일 거야"라는 생각만 심어주었고, 단 한 순간도 상대방을 의심한 적이 없다는 점이에요. 상대방의 심리를 교묘히 이용하여 의심할 수 없도록 하는 것.

제가 "무언가 잘못되었다"라는 느낌을 받은 건 500달러를 보내고 난 직후였어요. 돈을 송금한 후에도 250달러는 저에게 들어오지 않았고 A가 돈을 또 요구하더라구요. Business 계정이 제대로 개설된 게 아닌 것 같다는 말도 안 되는 이유로. 그 순간 저는 "무언가 잘못되었다"라는 생각이 들었고, A에게 전화했죠. 문자는 답장하면서 전화는 받지 않던 상대방. 그때 확실히 알았죠. "아, 500달러 날렸구나. 내 카메라도 날렸구나". 다시 정신을 차리고 오갔던 메시지와 메일들을 들여다봐도 어쩜 은행 공문서를 이리도 똑같이 위조했는지, 송장 번호를 입력하면 돈이 제 통장으로 입금되었다는 메시지가 뜨는 시스템까지 만들어서 사기를 칠 생각을 했는지. 이렇게 치밀한 시스템까지 만들어서 남의 돈을 갈취해야 하는지 말이에요. "다시 이런 일이 일어난다고 해도 정말 또 속을 수도 있겠구나"라는 생각과 함께 무서운 세상을 다시 한번 실감하게 되었죠. 나에게 500달러란 당시 정말 큰돈이었는데, 정말 살려고 이러고 있었던 건데. 제가 떼돈을 벌려고 한 것도 아니고, 부당한 방법으로 남의 돈을 갈취하려 한 것도 아닌데 차오르는 억울함과 함께 나에게 왜 이런 일이 생긴 걸까 많이 분했죠.

사건을 해결하기 위해 빠른 대처 방안이 필요하니 경찰 지인에게 연락하자 돌아온 대답은 이번에도 동일했어요.

"도둑은 고사하고 사기는 더더군다나 돈을 찾을 수 있다는 생각을 하면 안 돼. 사라진 돈이라고 생각하는 게 나아."

이미 한 차례 경찰에 크나큰 실망을 한 제게는 쉽게 와닿는 말이었어요. 신고하고, 조사받고, 대기하고. 이 모든 과정의 결과를 보장받을 수 없는 일을 또다시 시작하려니 그 과정 속 소모되는 저의 시간과 에너지가 더 아깝게 느껴지더라고요. 지금 뒤돌아보면 '아, 저 때가 도망갈 신호였는데' 싶은 순간들이 있지만 아쉽게도 세상에서 가장 악한 것은 사람이라서, 사람이 작정하고 다가온다면 꼼짝없이 당할 수밖에 없다는 점. 그들의 표적이 되지 않기를 바랄 수밖에요.

교통사고

대학교 3학년의 경영학도였던 저는 졸업을 하고 사회로 나가기 전 인턴십 경험을 쌓고 싶었고, 제 전공에 대한 직접적인 사회 경험을 통해 제가 정한 전공이 맞는 선택인지에 대한 확신을 원했기에 휴학을 하고 한국에 들어왔어요. 감사하게도 제가 가고 싶었던 회사, 필립스 대외홍보팀에 합격하여 좋은 분들과 함께 신나는 회사 생활을 즐기고 있었죠. 그러던 어느 날 입사 3개월 차에 저는 뜻하지 않은 비극을 맞고 강제로 회사분들과 생이별을 해야 했어요. 서울에서의 인턴 생활과 오랜만에 부모님과 함께 한국에서 생활한다는 것이 좋아 주말에는 항상 본가인 청주로 내려갔는데요. 그날도 여느 주말처럼 부모님을 뵈러 버스를 타고 청주로 향했답니다. 청주에는 고속, 시외, 북청주 등 여러 버스 터미널이 있는데요. 집에서 가장 가까운 터미널은 북청주 버스 터미널이에요. 도로 한복판에 하차장이 위치해 있기에 선호하는 터미널은 아니었으나 피곤함이 몰려 북청주 버스 터미널로 가기로 했어요. 터미널에서 저의 집까지는 택시로 3분, 길어봤자 5분 거리. 원래 같았으면 터미널에서 집까지 대중교통을 탔겠지만 두 손 가득 짐이 많기에 대중교통이 아닌 택시를 이용하기로 했죠.

택시 뒷좌석에 앉아 눈에 익은 도로를 달렸고, 빨간 불 신호에 멈추어

있던 그 순간. 정말 한순간. '쿵!' 하는 소리와 함께 정신이 아찔해지며 멀찌감치 들려오던 목소리, "손님 괜찮으세요?"

왜 하필 제가 탔던 택시는 그 시간, 그 순간, 그 자리에 있었던 건지. 저는 왜 그 택시를 탔던 건지, 아니 택시는 왜 탔는지. 왜 항상 가던 고속 혹은 시외버스 터미널로 가지 않았는지. 아니, 그냥 왜 나여야만 했는지.

모든 것을 부정하고 싶었고 병원에 도착했을 때 들려온 의사 선생님의 한 마디.

"전치 16주입니다"

저의 귀를, 의사 선생님의 입을 막아버리고만 싶었어요. 그때 저와 저희 아빠가 동시에 했던 말이 아직도 기억나요. "안 돼요! 일해야 하는데!" 하하. 아빠는 제가 얼마나 인턴십 기회를 얻기 위해 열심히 했는지 알고 계셨기에, 또 저는 정말 제 일을 사랑했기에 반사작용처럼 그렇게 말을 했었던 것 같아요. 정말 자리를 박차고 일어나고 싶었어요. 아픈 것보다 이 상황을 받아들일 수 없었고 영화에만 나올 것 같은 이런 일이 저에게 일어난 게 믿기지 않았죠. 그렇게 5개의 등뼈 압박골절, 전치 16주라는 판정을 받고 정말 불평할 것 하나 없었던 직장을 잃고 누구 하나 원망할 수 없는 위기에 봉착했어요. 사고가 난 후에도 3주를 걱정하며 혹시나 하던 마음으로 기다려주시던 저의 첫 상관 이사님께도 죄송, 감사, 감동이란 마음을 느끼며 참 힘든 기간이었어요.

　불평 불만할 것들은 어찌나 많던지요. 약하디약한 병원의 와이파이에 LTE도 소진되고 나니 할 게 없어 고역이었던 날들. 왜 하필 그 시기에 이별을 하고, 책은 왜 이리 안 읽히던지. 지금처럼 책을 썼다면, 유튜브 채널을 운영했다면 차라리 나았을 텐데 정말 누워있는 것밖에 할 것이 없어 그 지루한 시간이 고통이었어요. 또 하나의 충격은 병원의 생활 패턴. 한두 시나 되어야 잠을 잤던 저에겐 너무나 낯설었던 8시 반의 병실 소등. 나 홀로 갖가지 생각으로 새벽 2시까지 멀뚱멀뚱 눈을 뜨고 있다가 괜스레 잠을 청하면 새벽 6시엔 이미 해가 중천에 떠있는 듯 분주한 병원의 아침에 억지로 잠을 깨우던 나날들. 잠은 혼자 자는 것을 좋아하는 제가 한 달여간 생판 모르는 사람들과 함께 하루를 보낸다는 건, 거기서 오는 모든 마찰 또한 고스란히 저의 몫이 되는 거죠.

　제 침대 맞은편에는 사지가 마비되셨던 환자분이 계셨어요. 그분이 누워서 볼일 보실 때마다 그 냄새가 너무 참기 힘들었어요. 속이 안 좋으신 환자분이라 하루에 8번씩 누운 채로 변을 보시는데 그때마다 다른 환자분들은 방 밖으로 대피해 계셨는데 누워서 꼼짝 못 하던 저는 얼마나 힘들었는지요. 그렇게 참다 참다 여러 가지 일로 다른 병실로 옮겼을 땐 또 다른 어려움이 저를 괴롭히더라고요. 저만의 공간을 좋아해 커튼을 치고 있으려 하니 답답하다며 커튼을 못 치게 하시는 이모님들의 텃세. 한 달이 채 되지 않는 기간 중 6인실에서 4인실로, 그리고 4인실에서 또 다른 4인실로 3번이나 병실을 이동하며 그만큼 더 다양한 상황들을 마주했어요. 혼자만의 시간이 보장 안 된 곳에서 다양한 스트레스를 받다 보니 허리 때문에 입원했던 제게 스트레스성 소화기관 장애가 생겼고 그렇게 아프던 어느 날, 고열까지 동반하는 원인 모를 소동을 경험하고는 하루빨리 퇴원하는 게 제 소원이 되었어요. 가만히 누워만 있던 한 달이었는데 몸무게는 6kg이나 빠져 있었죠.

그나마 다행이었던 점은 23살이라는 어린 나이만큼 회복 속도가 빨랐고 한 달 즈음 되었을 때 의사 선생님께 퇴원 허락을 받아낼 수 있었어요. 월요병 하나 없이 즐기며 다닐 수 있었던 직장을 하루아침에 잃은 건 슬픔이었지만, 제가 할 수 있는 한 최선의 노력을 하고 싶었기에 퇴원하자마자 한 일은 필립스로 돌아가 저의 후임으로 온 분께 인수인계를 하는 것이었죠. 지금 생각해 보면 인턴이었던 친구가 인수인계하겠다며 허리 복대를 차고 꾸역꾸역 발걸음한 모습이 다른 분들이 보시기에 얼마나 안쓰러워 보였을까요. 그래도 저는 저를 기다려준 이사님에 대한 최소한의 보답이자 좋은 배움을 준 제 인생 첫 회사에 대한 의리라고 생각했어요. 인수인계를 마치고 회사 분들께 마지막 인사를 드릴 때 어찌나 눈물이 나던지. 회사 문 앞까지 나오셔서 배웅을 해주시던 재무팀, 법무팀 그리고 홍보팀 많은 분들의 모습과 뭐가 그리 아쉬웠는지 통곡하던 저까지.

'외상 후 성장'이라는 말이 있어요. 외상을 겪은 후 나타나는 반응 단계를 뜻하는데요, 크게 세 가지로 나뉘죠. 첫 번째, 손상 단계. 불안감과 무력감, 우울감 등 부정적인 감정에서 벗어나지 못하는 상태로 외상 후 스트레스 증상(PTSD)이 발현되는 시기. 두 번째는 회복 단계. 외상을 겪기 이전의 상태로 되돌아가 회복하는 단계로 보통 사람들은 '손상-회복' 단계를 거치며 살아간다고 해요. 하지만 가장 중요한 건 마지막 성장 단계예요. 인격적으로 한층 더 성숙해지고 마음의 내면이 단단해지는 단계로 자신의 내면을 성찰, 고민, 탐색, 투정하는 과정을 통해 외상 이전보다 폭넓은 통찰력을 갖추며 심리적 고통을 극복하는 단계랍니다. 외상 후 성장을 가능케 하는 힘은 자존감, 자긍심, 정서적 개방성 등의 자아 강도를 높이는 심리적 내적 자원들. 저 또한 다양한 사건을 속에서 '손상-회복' 단계를 반복하며 살아갈 수도 있었겠죠. 하지만 다양한 사건 사고들이 마무리될 때마다 들었던 생각은 단 한 가지였어요.

"내가 배운 건 무엇이었을까."

혼란스러운 마음을 다잡고 두 발 딛고 일어서려 할 때 즈음이면 또다시 닥쳐오던 고난. 매번 다른 사건 사고를 겪어내며 그로 인해 나는 조금 더 강해졌음을, 단단해졌음을 되새기던 스스로가 무색하리만치 나를 처참하게 짓밟던 또 다른 이벤트.

그렇게 여러 번의 허우적거림 속에 제가 도달한 결론은 이것이었어요.

"잃을 게 비교적 적은 지금 경험해서 다행이다. 더 큰 복을 감당하기 위한 단련의 시간들이다."

쌓여가는 경험치 속 더 많은 사람들의 아픔을 진심으로 공감하고 포용할 줄 아는 삶의 지혜가 되어준 저의 고난들.

제가 입원하기 전까지는 병원 생활이 그렇게 고된지 몰랐어요. 새벽 5시부터 시작되어 24시간 긴장감의 끝이라는 게 존재하지 않는 병원의 하루. 환자들에게 의사 선생님과 같은 환영을 받지 못하는 간호사분들이지만 의사만큼 큰 부담감을 안고 살아가는 그들. 끊이지 않는 의사, 환자의 요구를 감당해야 하는 중간 역할로서 그들의 하루가 얼마나 서러울지 가늠할 수가 없어요. 또한 온몸으로 본인의 몸만 한 환자들을 온전히 받아내야 하는 간병인들. 온전히 노동하는 24시간 속 그들의 몸이 얼마나 망가지고 있는지, 혹여나 환자에게 무슨 일이 생길까, 노심초사하는 고충이 얼마나 심한지. 제가 퇴원하던 날, 여러 병실을 전전하며 가까워지게 된 간병인 할머님들께서 손녀딸과 이별하는 것 같으시다며 흘리시던 눈물, 그 뒤의 아리던 마음. 교통사고가 나 입원하지 않았더라면 평생 몰랐을 이 모든 것들.

물론 겪지 않았다면 훨씬 좋았겠죠. 세상 살아가며 맞닥뜨리지 않았다면 더 속 편했겠죠. 하지만 이미 내 삶의 일부가 되었다면? 나는 겪었고, 그 사실은 되돌릴 수 없으니 여기서 내가 할 수 있는 최선의 결론에

도달해야 한다는 것이에요.

다행이라고 해야 할까요? 제가 무슨 일을 겪은 다음엔 거짓말처럼 비슷한 일로 저의 도움을 필요로 하는 사람들이 나타나더라고요. 사기를 당한 후 제 대학 동기 중 비슷한 일을 겪을 뻔한 경우를 막아준 적도, 제가 소화기관 문제로 고통을 겪고 난 후 친구가 비슷한 통증을 앓게 되었을 때 노하우를 공유해 준 적도 있답니다.

엄마의 말이 기억나요. "하영이 인생을 책으로 쓸 땐 정말 다양한 이야기가 나오겠다." 그래. 내가 겪은 일들 만큼 난 더 많은 사람을 포용할 수 있는 사람이 되었겠다. 내 인생의 굴곡만큼 더 깊이 있는 조언이 되겠다. 모든 사람에게 닿는 이야기가 될 순 없어도 내가 꼭 필요했던 몇 마디가 나를 살렸듯, 내 이야기가 꼭 필요한 사람에게 깊은 울림을 줄 순 있겠다 싶더라고요. 그렇게 제가 지금 여러분께 이 이야기를 들려드리고 있는 것이기도 하고요.

절대 도달하지 말아야 할 결론도 있어요. 불가항력적인 문제를 겪었을 때 내 안에서 답을 찾으려고 하는 것은 금물. 나 스스로를 자책하는 어떠한 행동들도 금물. 그냥 이 모든 상황을 객관적으로 돌아봤을 때 내가 잘못한 것이 없다면 '미리 약한 맛으로, 잃을 게 덜할 때 맛보았구나' 생각하고 넘어갈 것. 이 순간 운이 안 좋았던 만큼, 운이 훨씬 좋은 날이 곧 펼쳐질 것이라고 믿으며 나의 자아 강도를 높여가는 성장의 발판으로 삼을 것.

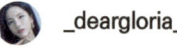 _deargloria_

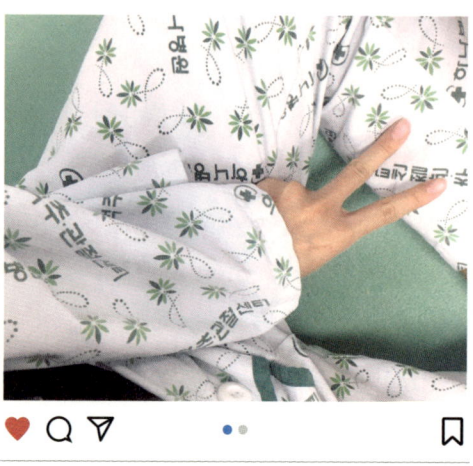

여러명이 좋아합니다

deargloria
폭풍우가 지나가고 나면 어디서부터 어떻게 손봐야 할지 몰라 두 손을 놓게 되듯 내 인생에서 큰 사건으로 자리 잡을 교통사고 경험을 어떤 마음가짐과 기억으로 남길지 몰라 막막했다.

한 달이 넘는 시간 동안 끊임없이 내게 왜 이런 일이 생긴 걸까 고민했지만, 결국 감사함이었다. 몸은 아프지만 마음까진 아프지 않도록 나를 찾아와 준 사람들의 시간과 정성에 감사했고, 전치 16주에 너무나도 좋아했던 직장을 포기해야 하는 과정은 괴로움이었지만, 쉬지 않고 달리며 나도 모르는 사이 지쳐있던 내게 재정비의 시간과 잠시 쉬어갈 줄 아는 용기를 허락하심 또한 감사함이었다. 생애 첫 병원 생활은 간병인의 고충, 간호사의 노고, 환자의 아픔을 공유하는 24시간이었고 지금껏 한 번도 접한 적 없었던 그들의 삶은 혼란스럽고 마음 아팠지만, 그렇게 더 많은 사람의 삶을 이해하고 포용할 수 있도록 단련시키심 또한 감사함이었다.

마치 생일인 것처럼 매일 챙겨주고 찾아와 준 나의 사람들 덕분에 버틸 수 있었던 병원 생활 한 분 한 분 모두 평생 잊지 못할 거예요. 감사합니다.

#하블리n휴학 #교통사고 #입원생활마무리

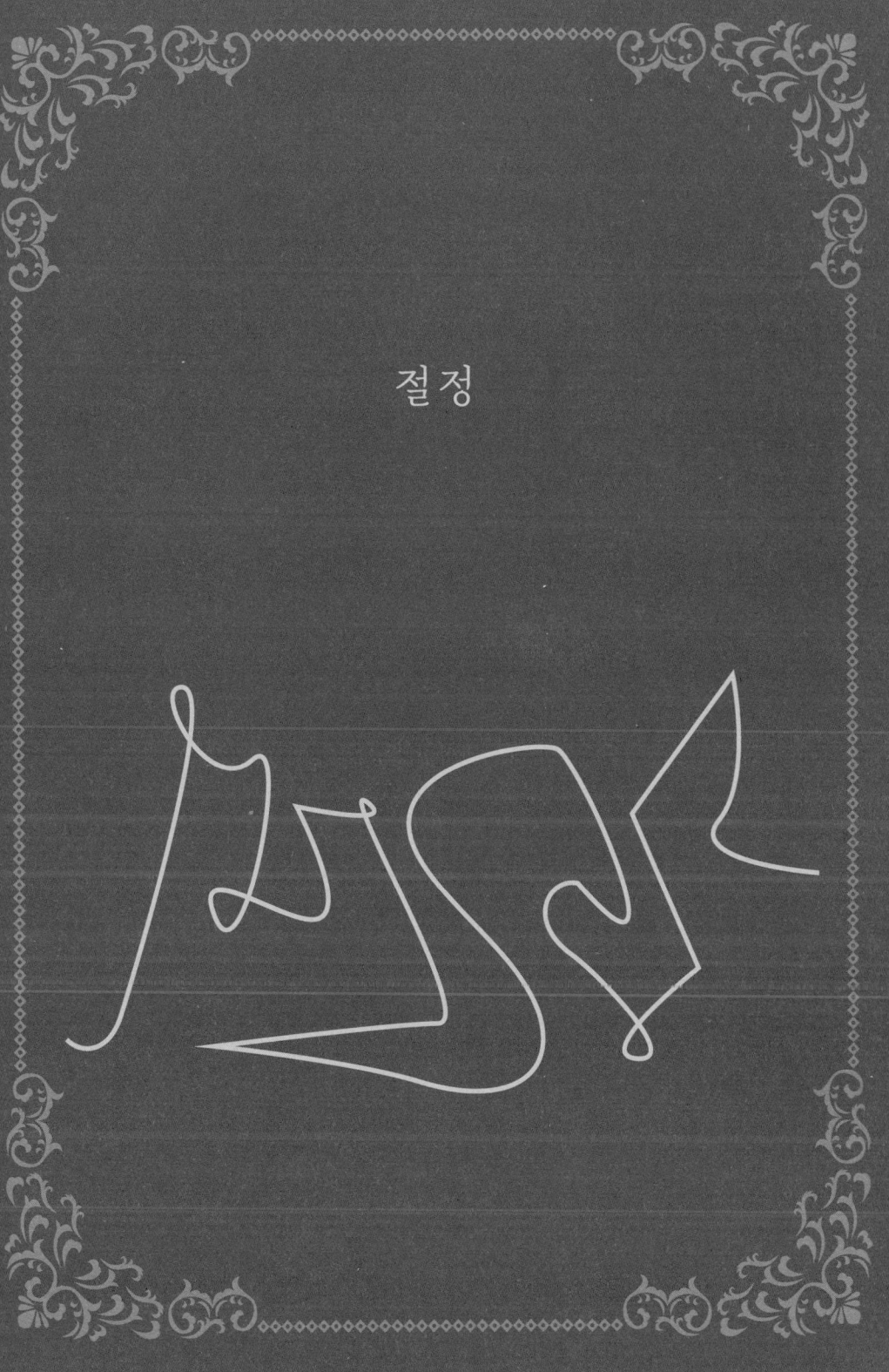

절정

십 년 뒤의 내가 오늘의 나를 뒤돌아봤을 때,
"참 열심히 잘 살았네"라고
칭찬해 줄 수 있는 오늘을 살아요, 우리.

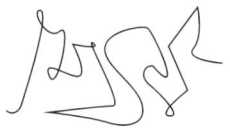

절정: 한번 시작한 유학, 최고를 맛보자

소설의 구성 단계 중 절정이란 지속적으로 높아지는 긴장감 끝에 결말로 향하게 하는 전환점을 만드는 구간, 좌절한 주인공이 해결책을 발견하고 위기를 해결하는 단계를 말해요. 내 인생의 위기 속 전환점을 만드는 구간이라니 얼마나 드라마틱한 순간인가요. 우리 또한 '유학'이라는 한 편의 영화 속 나의 최고의 모멘트를 누리고 간다면 얼마나 좋을까요? 이왕 시작한 김에. 온전히 혼자일 때. 훗날 뒤돌아보았을 때, "나 학창 시절에 이렇게까지 해본 사람이야! 그렇게 멋지게 살아왔기에 지금의 내 모습이 있을 수 있는 거라고!" 외칠 수 있는 순간들 말이에요. 유학 중 느낄 수 있는 세 가지 절정의 모멘트를 공유할게요.

노력의 절정

정말 "이 정도까지 노력을 해봤다!" 싶은 모멘트를 만들어봐요. 그 정도가 어느 정도냐고 물어본다면? 뒤돌아보았을 때 "그래. 이 정도면 내가 어떠한 노력을 해도 더 이상 방법이 없었어"라고 생각할 수 있을 정도 혹은 "그래. 내가 이 정도로 노력했기에 지금의 내가 있을 수 있었던 거야"라고 생각할 수 있을 정도예요.

중국에 있는 국제고등학교를 가게 된 건 제가 10학년 때. 저는 초등학교는 미국, 중학교는 한국의 교육과정을 거치고 온 터라 어떻게 적응을 해야 하는 건지 혹시나 어중이떠중이가 되는 것은 아닐까 하는 걱정을 하고 있었죠. 제가 간 중국 국제고등학교는 중국인이 아닌 외국 학생들로만 구성되어 있는 중국어 전문 수업 유학생부와 중국인 현지 아이들과 함께 영어로 수업을 들을 수 있는 국제부로 나뉘어 있어요. 처음 중국에 도착해 유학생부에서 중국어를 배우는 데에 전념한 지 두 달이 지났을 때, 저는 중국인 현지 아이들과 함께 수업을 들을 수 있는 국제부로 가는 걸 목표로 열심히 하고 있었죠. 영국 교육과정을 따르고 있던 국제부는 9학년, 10학년이 하나의 교육과정으로 구성되어 있었고, 10학년 말에는 2년간 배운 내용을 바탕으로 한 달간 IGCSE라는 시험을 치르게 돼요. 한 과목당 세 가지 유형(객관식, 주관식, 서술형)의 시험을 치르고, 모든 시험에서 C 이상의 합격점을 받아야지만 11학년에 올라갈 수 있는 자격이 주어지죠.

국제부를 들어가려면 10학년에 중국에 가게 된 저 또한 IGCSE를 보아야 했고, 그 말은 이미 저와 동급생인 친구들은 9학년 내용을 다 배웠으니 저 혼자 9학년 진도를 커버해야 한다는 거예요. 초등학교 때부터 영어를 어느 정도 한다고 어깨 좀 으쓱하던 꼬맹이였지만 화학 원소라고는 CO_2, H_2O 정도만 알고 있었죠. 그런 제게 화학, 물리, 철학이 모든 과목을 원서로, 그것도 나 홀로 1년 치를 독학해야 한다는 사실은 저를 패닉에 빠지게 만들었어요. 과연 가능할까 싶었고 끊임없이 "이게 말이 돼?"라며 자신의 가능성에 대해 질문하고 있는 저를 발견했어요. 수학 문제를 풀다 보면 가능성이 있을 것 같다가도 원소주기율표를 보면 다 내던져 버리고 싶었어요. 그렇게 지나간 한 달, 첫 시험이 다가오고 결과는 처참했어요. 어찌 보면 당연한 결과였고, 옆에 일찌감치 포기한 채 마음 편히 놀고 있는 중국 부자 친구들을 보며 '나도?'라는 생각이 들었죠.

그런데 하필 그럴 때마다 눈에 아른거리던 잘 해낼 수 있다며 부모님께 호언장담하던 저의 모습. 그리고 그런 저를 믿고 유학을 보내준 부모님의 모습이 아른거렸어요. 이미 진도를 다 나간 동급생 친구들의 지식과 나의 지식의 차이가 엄청나게 느껴져서 엄두가 나지 않았지만, 그와 동시에 지금 이 순간 공부의 끈을 놓아버리면 나와 저들의 차이는 무한대로 커질 것만 같았어요. 현재의 저였다면 차분히 생각하고 스텝을 짜고 묵묵히 계획을 실행으로 옮겼겠지만 그때 당시의 김하영은 그런 마인드를 가지고 있지 않았고 차분할 여유가 없었어요. 단지 "유학을 실패하고 싶지 않다"라는 마음과 "부모님께 창피한 자식이 되고 싶지 않다. 좋은 대학을 가고 싶다"라는 마음뿐이었어요.

이렇게 좌절감에 빠져 있었던 제가 과연 10학년 IGCSE를 잘 마치고 11학년으로 들어갈 수 있었을까요? 아니 고등학교 졸업을 할 수는 있었을까요? "공부를 포기할까, 말까"라는 경계선에서 방황하던 김하영은 10학년 말 IGCSE를 가뿐히 패스하고, 탄력받아 공부를 즐기던 11학년을 지나, 12학년을 마무리할 때는 IBDP 교육과정에서 expected score(12학년 대학 지원 시기에 각 과목 선생님께서 학생에게 주시는 수능 예상 점수. 11학년, 12학년 성적을 기반으로 한 점수이며 대학 지원서에 포함된다. 총 45점 만점) 42점을 받으며 졸업했답니다. 고등학교 3년은 감히 말해 내 선에서 할 수 있는 건 다했다고 할 수 있고, 어떠한 결과가 나온다 해도 "나는 최선을 다했으니 미련 없이 뒤도 안 돌아보고 결과를 받아들이겠다"라고 말할 수 있는 수준의 노력을 쏟아부었던 기간이었어요. 이 시기가 저에게 안겨준 교훈은 참 많지만 그중에서 오늘까지도 제 일상에 큰 자극이 되는 배움은 "하면 된다"

라는 거예요. 아무리 어려워 보이는 것이라도 이제는 쉽사리 포기하지 않아요. 이미 까마득한 불가능이라고 생각한 것을 이루어 봤기 때문에, 하면 된다는 것을 온몸으로 느껴봤기 때문에 남들보다 강한 열정과 끈기를 갖게 되었어요.

제 인생 첫 공부 슬럼프 시기를 극복한 방법 세 가지를 공유해 보려 해요.

첫째, 나 혼자 할 수 있는 최대치로 해보기

9학년, 1년 치 공부를 나 스스로 해보기로 마음먹은 그날 밤. 방 벽에 "10년 뒤의 내가 지금의 나를 봤을 때 당당할 수 있도록"이라는 문구를 붙였어요.

그리고 그날부터 방 벽은 저의 칠판이 되었죠.(아주 감사하게도 습한 광저우의 기후상 모든 벽은 타일 재질이었어요.) 외워도 외워도 안 외워지던 화학, 물리 공식들로 방 벽을 도배했고, 매일 밤 새벽 5시까지 공부하며 밀린 진도를 따라잡기 위해 노력했어요. 졸릴 때면 책상에서 벗어나 바닥에 앉아 벽에 쓰인 공식을 바라보며 잠을 깨고 어느 순간 밀린 잠이 원수가 되었을 땐, 정신을 차분하게 하고 집중력을 높여주는 약을 먹는 친구에게 약을 빌려가며 버텨왔던 시절이었어요.

둘째, 주위 사람들에게 도움 청하기

나 혼자 할 수 있는 범주까지는 했다 싶을 때, 내가 닮고 싶은 공부를 잘하는 사람들에게 도움을 청하는 거예요. "처음부터 도움을 청하면 되지 않나요?"라고 생각할 수도 있겠지만 질문하기 전 내 선에서 할 수 있는 기본기는 갖춘 후 질문을 하는 게 질문의 깊이도 더할뿐더러 상대방의 소중한 시간에 대한 예의라고 생각해요. 저는 선배들 중 공부를 가장 잘하는 사람 그리고 동급생 중 공부를 가장 잘하는 친구에게 도움을 청했어요. "선배는 그렇다 치고, 같은 학년인 친구한테 물어보는 건 뭔가 창피하지 않았나요?"라고 물어본 후배가 있었는데 내일이면 다른 사람들보다 더 발전해 있을 내가 보인다면 그리고 정말 절실하다면 그런 체면 따위는 문제가 아니라고 말했죠. 그렇게 선배와 친구가 가능하다고 한 시간대에 틈틈이 질문했고 저는 점점 더 친구들을 따라잡았어요. 정말 저의 life savior인 그 선배와 친구에겐 지금도 무한한 감사의 말씀을 전하고 있답니다 :)

셋째, 전문가(미디어, 책)의 도움 받기

전교 63등에서 30등 언저리, 그 후에는 20등 그리고 10등권까지 점점 성적은 올라갔고 10학년 마지막 치루게 되는 한 달간의 IGCSE 시험에서는 동급생 중 상위권으로 11학년에 진입할 수 있었어요. 그저 '모든 과목에서 패스하여 11학년에 진학을 할 수 있다면 참 감사하겠다'였던 저의 바람이, 목표에 연연하지 않고 눈 딱 감고 죽기 살기로 열심히 하니 상위권이라는 놀라운 결과를 가져다주었어요. 그렇게 11학년을 올라가며 친구들의 교과과정을 따라잡고 나니 시간적 여유가 생겼어요. 여유가 생겼을 때 저는 본격적으로 효율적인 공부 방법은 무엇일까에 대한 조사를 하기 시작했어요. 그렇게 해서 알게 된 것이 '1, 4, 7, 14 공부법'이에요. 제게 맞춰 각색한 '1, 4, 7, 14 공부법'이라 함은,

- (1일) 수업 들은 당일 교과서와 수업 노트를 정독하며 중요한 부분 밑줄 긋기
- (4일) 수업을 들은 지 4일째 되는 날 밑줄 그은 부분 위주로 읽으며 나만의 메모장 만들기
- (7일) 일주일째 되는 날 내가 만든 메모장과 교과서, 수업 노트를 비교하며 메모장 내용 강화하기
- (14일) 2주째 되는 날 메모장 복습하기

이렇게 총 네 번의 복습을 통해 단기 기억을 장기 기억으로 바꾸는 과정이에요. 복습할 시간대를 학교에서 돌아온 저녁 시간으로 정해놓았고, 나가서 놀고 싶어도 문을 걸어 잠그고 그 시간만큼은 온전히 공부에 집중했죠. 이러한 공부를 반복하니 공부에 소요되는 시간에 점점 가속도가 붙었고 1, 4, 7, 14 공부법은 저에게는 1, 4, 7로 충분하다는 사실과 함께 더 적합한 방법도 찾을 수 있었죠. 점점 저는 공부를 잘하는 학생으로 인식이 되기 시작했고 저에게 질문하는 친구들이 늘어났어요. 그리고 12학년, 대학교에 지원하는 시기가 왔고 11학년, 12학년 성적을 기반으로 각 과목 선생님께서 expected score를 주었는데,

45점 만점에 42점이라는 받았을 때의 그 희열감이란!

　제가 태어났을 때부터 똑똑한 천재였을까요? No. 특출나게 좋지는 않지만 공부를 잘하고 싶은 열정이 커서 노력으로 승부한 노력파였어요. 그럼 그 과정이 힘들기만 했냐고요? 아뇨. 노력하다 보니 잘하게 됐고, 잘하다 보니 즐기게 됐어요. 제가 드리고 싶은 이야기는 평범한 제가 해냈다면 여러분도 할 수 있다는 점이에요. 우리 일단 해봐요. 그 과정은 힘들겠지만 결과가 그려질 때 정말 짜릿할 거예요. 요즘은 책뿐만 아니라 유튜브에 검색하기만 해도 친절히 다양한 공부법에 대해 알아가실 수 있으니, 여러분께 맞는 공부법을 찾아 십분 활용하시기 바라요. "하면 된다!"

뿌듯함의 절정

유학의 성공 케이스와 그들의 공통점

"유학을 가면 보통 어느 정도의 확률로 성공해?"

실패는 누구나 피하고 싶은 단어이니 그만큼 많이 받은 질문이기도 한데요. 사실 유학 생활을 하다 보면 속상하게도 원하는 바를 이루지 못하고 각자의 본국으로 돌아가는 경우들을 많이 보게 된답니다. 하지만 그중에서도 혼신을 힘을 다해 꿈을 이루는 사람들이 있는데요. 그런 성공 케이스들 중 몇 가지를 소개하려 해요. 그리고 성공 사례만 공유하는 것이 아니라 그들에게 보였던 공통점 또한 공유해 드릴게요.

우선 성공과 실패의 정의가 가장 중요할 텐데요. 저희 같은 경우에는 학생의 신분으로 유학길을 간 것이니 희망하던 대학교에 진학한 것, 그리고 입학한 것만이 중요한 게 아니죠? 입학한 뒤 학업을 잘 끝마치고 소망하던 직장에 취직하게 되는 것 혹은 계획하던 사업이나 꿈을 이뤄내는 것까지 성공이라고 정의할게요.

우선 제 주변 친구들을 돌아보았을 때 "어떠한 친구들이 유학 와서 성공을 했을까?"라고 생각을 해보았는데요. 당당하게 "저요!"라고 말할 수 있을 것 같아요. 그 이유는 저는 유학이 제 인생에 있어서 큰 도움이었다고 자신 있게 말할 수 있다는 점, 그리고 이렇게 여러분께 다양한 이유로 유학을 추천할 수 있는 저의 애티튜드와 자부심이 베이스랍니다. 그리고 제 지인 중에서 잘된 케이스를 말씀드리면 저랑 같은 토론토 대학교 경영학과를 나왔던 선배예요. 그 선배는 디즈니에 입사하고 싶어 했어요. 그래서 학부생 때부터 "어떻게 하면 디즈니에 합격할 수 있을까?"라는 고민을 했고 본인의 창의력을 증명해 볼 수 있는 기회를 설계하기 시작했어요. 본인의 온라인 베이커리 숍을 만들어서 컵케익을 판매하고 본인의 포트폴리오, 스토리를 만들어낸 거죠.

이 케이스만 보아도 내가 원하는 게 무엇인지 분명히 알고, 내가 꿈꾸는 것을 현실화시킬 사업 아이디어가 있는지 혹은 이미 관련된 회사가 존재한다면 그곳은 어디인지 리서치를 할 필요가 있어요. 더 나아가 그에 맞게 내 역량을 쌓고 나의 특별함을 증명할 준비를 하는 거예요. 한 가지 회사일 필요는 없어요. 내가 원하는 방향성에 대한 확신이 있다면 충분해요. 저 같은 경우에도 마케팅을 사랑하고 나의 브랜드를 시작하기 전에, 전 세계적으로 성공한 기업에서 일하며 그들이 그렇게 성장할 수 있었던 이유를 배우고 싶었기에 Meta, Google, Apple, Disney 등 한 곳이 아닌 여러 회사를 타깃으로 하여 준비했어요.

그렇다면 유학을 성공한 사람들의 공통점 총 네 가지를 말해볼게요.

① 첫 번째, 철저한 시간 관리와 우선순위

가장 첫 번째는 철저한 시간 관리와 그에 따른 우선순위를 철저하게 지킬 줄 안다는 점이에요. 지금 내가 이 일을 끝내지 않으면 미룬 만큼 내일이나 모레의 내가 해야 할 텐데 그때 그 힘듦을 싫어하죠. 그렇기 때문에 지금 내가 해야 하는 것이 무엇인지 판단하고 현 상황에 가장 중요한 것은 무엇인지에 대한 우선순위를 정하는 거예요. 어떤 일부터 시작할 수 있을지 판단하고 이에 따른 시간 분배를 탁월하게 하는 능력이죠.

제가 아는 대학 선배 중, 자신의 일정을 엑셀 시트에 분 단위로 정리하는 분이 있었어요. 그분은 여자친구와 데이트하는 시간까지 2시간, 3시간 단위로 정해놓고 만나더라고요. 아무리 아쉬워도 그 시간이 지나면 자리를 정리하고 집에 가는 거예요. 처음에 이 이야기를 들었을 때 '저건 너무 이성적이지 않나?' 싶고 공감되지 않았는데 생각해 보면 이게 연애라는 모습에만 국한되지 않고 삶을 대하는 모든 자세에서 동일했다는 거예요. 그랬을 때 비로소 철저한 시간 관리와 자신이 해야 할 것들을 미루지 않는 습관이 자리 잡는 거죠. "저렇게까지 해야 할까?"라는 생각이 들었을 때도 있었지만 그런 모습들이 있었기에 현재 본인이 희망하던 커리어를 그리며 성공을 궤도를 걷는 선배의 모습이 존재할 수 있었던 거죠.

② 두 번째, 절제력

공통적으로 절제력이 모두 대단했어요. 여기서 절제력은 아픔을 참는 그런 종류의 절제가 아닌 놀고 싶지만 참는 것, 자고 싶지만 버티는 것을 뜻해요. 우리의 본능적인 욕구를 잘 억제하는 거죠. 이런 절제라는 마음은 기다림 뒤에 오는 성취감의 짜릿함을 더 가치 있게, 더 소중하게 여기는 마음에서 오는 거예요. 저를 예로 들자면 제가 학생일 때 공부만 한 건 아니에요. 다양한 분야에 관심이 많아 춤, 연극, 언어 교류 동아리 등 제가 즐기고 싶은 것을 모두 즐겼고, 교외활동에 시간을 소모한 만큼 공부할 땐 공부에 몰두했어요. 당장 시험이 내일인데 졸린다고 자버리거나, 끝내야 하는 과제가 있는데 '오늘은 술 한잔하고 내일의 나에게 맡기자'와 같이 행동하지 않는 거죠. 만약 정 놀아야겠다면, 내일 저녁 친구들과 꼭 여행을 가야겠다면 적정 시간을 정해놓고 그 시간 안에 순간의 집중력을 발휘해서 할 일을 끝내고 그다음에 자유롭게 즐기는 거예요. 어떠한 유혹과 상황에도 우선순위를 타협하지 않고 마땅히 해야 할 나의 몫은 내가 해내는 거죠. 언제나 work hard play hard.

③ 세 번째, 추진력과 이를 뒷받침해 주는 꾸준함

목표를 향해 거침없이 실행함을 뜻하는 추진력과, 이를 오랜 기간 인내하며 지속할 수 있는 꾸준함은 성공을 위한 완벽한 한 쌍이라 생각해요. 추진력과 꾸준함은 함께 동반되어야 성공 가능성이 높아진다는 사실을 주변을 통해 일찍이 깨달았죠. 우선 추진력에 관해 이야기해 볼까

해요. 주변에서 이런 말을 하는 친구들 많이 접했을 거예요.

"토론토에 파리바게뜨가 있다면 참 잘될 텐데…."
"코딩 배워서 챗GPT 같은 거 개발했어야 하는데…."
"아, 저 주식 내가 사려고 했던 건데…."

남들이 이미 이뤄놓은 것들을 보며 이렇게 말하기는 쉽죠. 하지만 이를 실행에 옮기는 사람들은 5%로도 안 된다는 사실을 알고 있나요? 어떻게 보면 머릿속에 있는 계획을 실천에 옮기는 것만으로도 95%를 앞선단 사실이 저는 몹시 설레었어요.

제 주변의 사례를 생각해 보면 토론토 대학교 동문, 건축학과를 졸업한 지인이 생각나네요. 이분은 캐나다에 오기 전 한국에서 학창 시절을 보내고 군대까지 전역한 상태였고, 군대 전역 후 영어에 관해 거의 백지인 상태로 유학길에 올랐죠. "어떻게 하면 내 삶을 한 단계 더 발전시킬 수 있을까?"라는 고민 끝에 캐나다 영어학원(ESL)에 등록하여 영어 실력을 올렸고, 그 후 치열한 고민 끝에 두 곳의 대학을 졸업하고 현재 캐나다에서 커리어를 쌓고 있답니다. "오, 유학하는 삶. 좀 멋질 것 같은데?" 정도의 희망에서 끝났다면, "내가 해외 대학을 졸업할 만한 실력이 될까?"라는 고민에서 끝났다면 지금의 삶을 살고 있을 수 있을까요? 아뇨. 심사숙고의 시간을 거친 후, 자신의 선택을 행동으로 옮기는 추진력이 있었기 때문에 지금의 모습이 있을 수 있던 거죠.

이분은 꾸준함 또한 엿볼 수 있었던 사람이에요. 영어 단어 몇 개만 아는 정도였던 사람에게 원어민과 유창하게 이야기를 하는 것과 대학 전공 서적을 영어로 공부할 정도의 실력을 갖추는 것은 너무나도 멀게만 느껴지는 꿈이었죠. 처음부터 너무 많은 양과 높은 난도로 목표를 쫓으면 5년, 10년의 지속성이 없을 것을 알기에 꼭 지킬 수 있는 양의 계획을 세우고 실행했다고 해요. '영어 단어, 영어 표현법 매일 20개씩 외우기'. 유학 온 첫날부터 9년이 지난 현재까지도 묵묵히 지치지 않고 지키고 있는 그의 '꾸준함'이에요. 최소 5,000개의 영어 단어로 무장하게 해준 이 습관은 유학 성공 길에 큰 도움이 되었다고 믿어 의심치 않아요.

숙고할 시간을 가져라. 그러나 행동할 때가 오면 생각을 멈추고 뛰어들어라.

– 나폴레옹 보나파르트

④ 네 번째, 대처능력

성공하는 사람들의 마지막 공통점은 '그들은 모두 상당한 수준의 대처 능력을 가지고 있다'는 점이에요. 유학 중엔 부모님의 보호 아래 있을 때와는 차원이 다르게 어렵고 난처한 일을 마주하게 될 수 있어요. 경제적, 행정적인 어려움 등 다양한 사건 사고가 있을 수 있는데 이럴 때 오뚝이처럼 빨리 다시 일어날 수 있는 회복 능력이 필요해요. 그 사건을 객관적으로 바라보고 '아, 그러면 이 문제를 해결하려면 어떤 액션 스텝을 밟아야 할까?' 신속하게 해결책을 생각하려는 자세 말이에요.

내가 선택한 결정이 잘못된 것이라는 걸 알게 되었을 때 좌절감과 패배감에 무력해질 수 있어요. 그냥 주저앉아 울어버리고 싶고, 하필 나한테 이런 일이 닥치는지, 세상에 이 사건을 해결할 사람은 나뿐인 것 같고, 내 편은 아무도 없는 것 같은 무력감을 느낄 수 있어요. 그런데 이런 감정 자체에 허우적거리면, 안 그래도 혼자인 상황에 정신적 패배감에 잠식되어 버릴 수 있고 거기서 유학 생활을 포기하고 귀국하는 경우까지 생길 수도 있어요. 그렇기에 고난이 닥쳐와도 '그럼에도 불구하고' 정신으로 어떻게 대처하고 해결하느냐는 정말 중요한 포인트예요. 맞아요, 사실 포기가 가장 쉬워요. 눈 가리고 아웅 하며 사건을 덮고 도망가버리면 되니까요. 하지만 그 순간 그 감정을, 감성을 끄고 이성을 켜서 해결해야 해요. 감정이란 건 질량 보존의 법칙처럼 어딘가에 계속 존재하기 때문에 이 일을 해결한 다음 나를 덮쳐와도 늦지 않아요.

제 대학 선배 중 경영을 공부하고 본인 사업을 시작한 분이 있어요. 승승장구하던 사업이 코로나 팬데믹 시대의 등장 후 많이 어려워졌죠. 버티다 버티다 못해 선배는 결국 사업을 접어야 했어요. 그 사업을 위해 얼마나 노력을 했는지 알기에, 얼마나 큰 자신감을 갖고 있었던 사람인지 알기에 그 사업을 접는다는 것 자체가 스스로 실패로 느꼈을 수도 있겠더라고요. 그런데도 좌절감에 주저앉지 않고 빨리 내가 그럼 이제 뭘 해야 하는지, 어떻게 이 업체를 매각하고 다음 스텝을 내디뎌서 career path를 다져 나가야 할지 고민하던 모습을 잊지 못해요. 많이 힘들었겠지만 결국은 해내더라고요. 그때 그 과정을 보며 정말 대단하다 느꼈어요. 이 케이스뿐만 아니라 이렇게 힘든 상황을 잘 대처했던 친구들의 공통점을 들여다보면 그들은 "상황이 날 힘들게 했지 내 능력이 어디 가겠니? 나는 다시 보란 듯이 해낼 수 있어"라는 오뚝이와도 같은 마인드를 갖고 있었죠. 여러분들 또한 몇 번이고 넘어져도 결국에는 해낸다는 멋진 마음가짐으로 유학길 끝까지 버티실 수 있기를!

Q. 하영 님의 뿌듯함의 절정 모멘트는 언제였나요?

상승하는 인생 곡선을 체감할 때, 그리고 그 과정 속 행복을 놓치지 않고 전진할 때

하나의 모멘트보단 인생을 살아가며 느꼈던 뿌듯한 순간들엔 크게 두 가지의 공통점이 있어요. ① 인생의 중요한 결정들을 내리는 순간 남이 아닌 나에게 선택, 주도권이 주어지고 그 과정 속 점점 레벨업 해 나가는 나의 인생 곡선을 체감할 때. ② 그 속에서 나의 행복을 놓치지 않고 '일희일희'하는 나를 발견할 때.

① 상승하는 인생 곡선을 체감할 때

대학을 갈 때도 취직을 할 때도 우리는 지원서를 제출하고 내가 어떤 사람인지 알리며 증명해야 하죠. 삶은 이러한 검증 과정의 연속이고 나를 시험대에 올린다는 일은 두렵고 긴장되는 일임이 분명해요. 하지만 열심히 가꾸어 온 인생이라면 이러한 과정 속 긴장을 최소화하고 자신감을 극대화할 수 있어요. 크고 작은 일을 잘 해냈던 만큼 인터뷰도 시험도 멋지게 잘 해낼 수 있다는 걸 알고 있는 거죠. 'Real recognize real'이라는 말처럼 진짜는 진짜를 서로 알아보고 그렇게 모든 과정을 거치고 나면 결국 어느 곳에서 공부할지, 어느 곳에서 일할지 마지막 선택권은 저에게 주어진답니다. 이러한 기분을 가장 처음 느낄 수 있었던 건 대학 합격 통보를 받던 때였어요.

12년이라는 기간의 초중고 공부를 마치고 대학교 원서를 넣던 그때 저는 영국의 4개 대학교와 홍콩 대학교, 토론토 대학교 총 여섯 곳에 원서를 제출했어요. 대학교의 답변을 기다리던 중 결과가 나왔다는 알림을 받을 때마다 얼마나 떨리던지요. 설렘 반 두려움 반으로 통지서를 확인할 때마다 느껴졌던 짜릿함. 정말 감사하게도 원서를 제출한 6곳의 대학에서 모두 합격 통지서가 왔어요. 이때 느꼈죠.

"이제 상황은 역전되었다."

이제 선택권은 온전히 저에게로 넘어왔고 내가 가고 싶은 곳을 마음 편히 정해서 갈 수 있다는 안도감을 느꼈어요. 이때의 희열이란. 이 순간이 그동안 열심히 달려온 나를 위한 보상이었고 토닥임이었어요. 물론 여기서 멈추지 않고 꾸준히 최선을 다하며 살아온 결과 커리어에 대한 고민을 할 때도 많은 걱정을 갖고 있는 친구들과는 다르게 크게 두려움이 없었어요. 다만 저의 고민은 '어디를 가야 성장 가능성, 삶의 만족도에 대한 지속성이 가장 클까'였죠. 그렇게 차근차근 저만의 페이스로 길을 다져왔을 때 Meta, Audi Volkswagen, Philips까지 제가 희망하던 곳에 취직할 수 있었어요. 이렇게 인생 속의 큰 결정을 내릴 때 '내가 골라갈 수 있다는' 선택권이 주어지는 순간이 저에겐 짜릿함을 절정이었죠. 이러한 선택으로 인해 내 주변에 있는 사람들의 품격이 달라지고 삶의 질이 달라짐을 느낄 때 '아, 내가 멋진 삶을 살아가고 있구나' 체감하는 기쁨 또한 동반된답니다.

Meta Leadership Roundtable Recap. 메타 리더십 이벤트를 마무리한 지 일주일이 지난 시점 되돌아보며 적는 회고록. 메타에서의 첫 오프라인 이벤트라 더 실수 없이 잘 해내고 싶었던, '혹시나'라는 변수와 디테일까지 놓치지 않으려 모든 과정 머리 싸매며 고민했던 Meta Leadership Roundtable.

'어제의 나와 오늘의 나는 다르다'라는 말을 하루하루 체감하고, '정신 바짝, 눈을 부릅'이라는 단어가 참 잘 어울렸던 우리의 3주.

이벤트 당일, 오프라인 이벤트에서만 느낄 수 있는 에너지와 긍정적인 피드백을 마주했을 때 '그래, 이 맛에 하는 거지'라는 마음까지. 무엇보다 주변에서 으쌰으쌰 하며 도움 주신 많은 분들 덕분에 더 빠르게, 덜 힘들게 준비할 수 있었던 이벤트.
역시 내 최고의 복은 #인복

#하블리in한국 #일스타그램 #메타 #workstagram #Meta #Facebook

 **_deargloria_**

여러명이 좋아합니다

deargloria
"하영이 요즘 잘 지내는구나!"
"포스트마다 행복해 보여"
아우디폭스바겐 출근 2달 차, 그리고 요즘 내가 가장 많이 듣는 말들.

이유를 곰곰이 생각해 보니 나의 하루하루가 마음에 드는 나날이다. 차에 대한 나의 관심이 관심에서 끝나지 않고 그 세계를 한 발짝 더 가까운 곳에서 알아갈 수 있다는 것. 관심사가 비슷한 사람들이 모인 공간에서 배우며 함께 일을 할 수 있다는 것.

물론 어떤 환경에서도 그곳의 좋은 점을 꾸역꾸역 찾으며 행복을 채워갈 나지만, 아무런 노력 없이, 월요병 없이 회사에 다닐 수 있다는 건 분명한 축복이다.

무엇보다 차를 향한 애정을 인정받은 것 같아 뿌듯한 요즘, "하영이는 차를 좋아하니까 자동차 회사에서 일해도 좋겠네" 지난여름 툭 던진 부모님의 말씀이 오늘의 나를 있게 했다는 건 아마도 모르시겠지 ;)

Shout out to 무의식중에도 26년째 나를 좋은 길로 인도해 주시는 엄빠, 그리고 흥미로운 회사생활을 함께해 주시는 내가 많이 의지하는 우리 팀원분들!

#하블리in한국 #일스타그램 #아우디폭스바겐
#workstagram #AudiVolkswagen

② 모든 과정 속 '일희일희'의 행복을 놓치지 않을 때

세상에 성공하는 사람들은 많죠. 하지만 그중 자신이 행복하다고 자부할 수 있는 사람은? 짧은 시간 안에 성장에 매진하느라 지쳐버린 분들은 여럿 생각이 나지만, 그 과정을 즐기며 행복도 놓치지 않는 사람은 손에 꼽더라고요. 목표를 향해 경주마처럼 달려가다 보면 벅차고, 지쳐 정작 행복을 놓치는 경우가 많죠. 그래서 제가 참 좋아하는 저의 뿌듯 절정 모멘트이자 저의 큰 장점은 '순간의 소중함을 알고 그 행복을 십분 만끽할 줄 아는 힘'이에요.

"하영아. 너는 인생을 사는 목적이 뭐야?"라는 질문이 주어졌을 때, 제 대답은 주저함 없이 '행복하기 위해서'예요. 성취감에 뿌듯해하고, 사랑하는 사람들과 함께 일상을 즐기고, 맛있는 것을 먹고, 뮤지컬, 박물관 등 다양한 문화생활을 즐기는 것. 제가 좋아하는 것들을 나열해 보았는데요. 제가 이 모든 것을 애정하는 이유는 결국 '나에게 행복을 가져다주기 때문에'라는 이유로 귀결되더라고요. 저는 이것을 일상의 '일희일희'라고 표현하는데요. 아주 사소한 것에도 기뻐하고 모든 순간을 누리는 힘 그리고 열심히 달리는 나의 일상에 다채로움을 선물해 주는 행위라는 의미예요.

제가 이렇게 행복을 놓치지 않을 수 있었던 이유에는 크게 두 가지가 있어요. 첫 번째는 나에게 주어진 모든 것엔 당연한 것이 없고 이 모든 순간은 다시 돌아오지 않는다는 것을 아는 것. 두 번째는 세상에 나보다 잘난 사람은 많고, 나보다 노력하는 사람은 있을 수 있지만 나에게 이렇게 좋은 기회와 사람들을 보내주심은 하나님의 세밀한 계획하심 안에서 이루어진 것임을 알고 있는 것이고요. 그래서 한순간 이 모든 것을 다 앗아가실 수도 더 큰 것을 주실 수 있는 것도 그분이심을 알기에 저는 절대 사소한 것 하나도 당연하게 받아들일 수 없죠. 오늘 내가 편히 누워 잘 곳이 있고, 오늘도 힘내서 하루를 기분 좋게 살아갈 힘을 주시는 분. 제가 글을 쓰고 있는 이 노트북, 목이 마르지 않게 마실 수 있는 물, 제가 지금 착용하고 있는 블루라이트 안경까지. 이 모든 것이 선물임을 알 때, 자연스레 일상의 모든 것이 소중해지지 않겠어요?

어려서부터 3대륙 5개국 나라에서 다양한 국적의 친구들과 학창 시절을 보내며 내 눈앞에 있는 친구들이 내 곁에 영원히 있을 수 없다는 것을 빨리 알게 되었죠. 졸업 후 각자의 나라로 귀국하고, 더 넓은 세상으로 뻗어나가는 친구들을 상상하며 사랑하는 동창생들을 만나고, 모교를 방문한다는 것은 비행기를 타고, 모두의 시간을 맞춰야지만 가능하다는 것을 알게 되었어요. 기숙사에서 매일 동고동락한 친구들을 보고 싶을 때 못 본다는 건 매우 울적한 기분이었죠. 하지만 그와 동시에 나에게 시간과 기회가 주어질 때 충분히 누리는 힘을 키워갔어요. 그들의 존재에 고마움을 표현하고, 뜻깊은 추억을 하나라도 더 만들고요. 이러한 경험들 덕분에 일상의 작은 것부터 큰 기쁨까지 행복을 놓치지 않고 '일희일희'하며 날마다 내가 사랑하는 행복한 추억들로 채워가는 중이랍니다. '일희일희' 강력 추천!

후회의 절정

유학의 실패 케이스와 그들의 공통점

그럼 이제 유학의 실패 케이스와 그들에게 보였던 공통점에 대해서도 말씀드리려 해요. 유학이 잘된 케이스만 있는 것도 아닐뿐더러 현실적인 조언을 통해 경각심을 갖고 더 열심히 유학을 준비하시길 바라는 마음으로 준비한 내용이랍니다.

유학을 망했다고 말할 수 있는 실패는 '본인의 잘못된 선택'으로 유학길에 오를 때에 소망하던 바를 이루지 못한 경우로 정의할게요. 우선 유학에 망한 케이스는 아니지만 유학을 와서 목표하는 바를 이루지 못하고 돌아가는 케이스 중 정말 마음 아픈 케이스는 본인 의지와는 상관없이 집안의 가세가 기울어서 경제적인 부분을 감당 못 하고 돌아가는 케이스예요. 제가 아는 친구 중에도 대학교 1학년 때 가정 형편이 너무 힘들어져서 유학을 포기하기 직전까지 무너지는 모습을 보았는데요. 옆에서 그 모습을 지켜보기만 하는데도 감정이입이 되어서 꽤나 고통스럽더라구요. 이런 불가항력적인 케이스 말고 본인의 선택에 의해 유학을 망하는 지름길로 몰아가는 케이스들을 말씀드릴게요.

① 첫 번째, 마약

캐나다 같은 경우 대마초가 2018년부로 합법화된 상황이지만 보통 대마초를 피우는 사람들은 거기서 끝나지 않죠. 더 큰 쾌락을 위해 점차 전보다 더 자극적인 마약 종류를 찾게 된다고 해요. 이렇게 마약에 빠져 정신 못 차리게 된다면 정말 인생이 시궁창이 되는 경우들이 있어요. 아니, 사실 많아요. 한 예를 말씀드리면, 토론토의 어떤 여성은 마약 중독 수준이었는데 마약을 하면 이틀에서 사흘간 집에 틀어박혀서 바깥으로 나오지 않는다고 해요. 한 번 하기 시작하면 일상생활이 불가능할 정도로, 정상적으로 길거리를 걸어 다닐 수 없을 정도로 하는 거죠. 모든 음식을 배달시켜 먹구요. 약에 취해 서로가 서로를 못 알아보고 시간 흐름을 무시한 채 마약의 소굴에 스스로를 방치하는 거예요. 이러한 생활을 하는데 과연 맨정신으로 열심히 해도 졸업하기 힘든 대학을 제대로 졸업할 수 있을까요? 압도적인 천재성이 있지 않은 경우 불가능할뿐더러, 만약 졸업은 한다 해도 그 후 본인만의 목표를 세우지 못한 채 방치되어있는 경우가 많답니다.

② 두 번째, 도박

라스베이거스 여행 혹은 나이아가라 여행을 갈 때 카지노에 가서 블랙잭을 하거나 구경한 경험들이 있을 수 있죠. 그런데 이것도 정말 적정선이 있고 내가 감당할 수 있을 정도의 한도 내에서 해야 해요. 절제력이 결여되어 있는 상태에서 한계선 없이 발을 들일 때, 돈을 따다가 잃는 경우 다시 한번 하면 크게 딸 수 있을 것 같다는 이유로 도박에 빠지는 경우를 더러 보았어요. 돈을 처음부터 다 잃은 경우엔 잃은 돈만 복구하겠다는 이유로, 그날 자신이 정한 한도를 초과하고 함께 간 친구에게 돈을 더 빌리기까지 하는 거죠. 이 정도면 다행이라 표현할 수 있을 정도로 더 심각한 경우도 있어요. 한 달 용돈을 카지노에 모두 쏟아붓고, 알바를 하는 이유가 카지노에 가기 위함이었던 사람도 여럿 있죠. 가장 최악의 경우는 카지노를 하겠다고 학비를 탕진하는 경우예요. 이러한 대책 없는 소비 습관은 유학 실패의 지름길이 될 수밖에 없죠.

③ 마지막, 잘못된 만남

믿었던 사람으로부터의 사기가 될 수도 있고 가스라이팅, 데이트 폭력, 스토킹, 협박 등 정말 다양한 형태로 인생이 망가질 수 있는 '잘못된 만남'. 안 그래도 홀로 타지에 나와 있는 상태인데 이러한 일들까지 겪는다면 얼마나 큰 타격과 상처일지 상상이 가시나요? 앞선 두 케이스들은 어찌 보면 흑과 백처럼 사회가 정의한 명백한 선과 악이 있고 특정한 규정이 정해져 있죠. 그것을 토대로 내가 자유롭게 선택을 할 선택권이 주어지고 중독되기 전까진 그 문제들에서 나 스스로를 떨어뜨려 놓을 수 있죠. 하지만 사람을 잘못 만난다는 건, 내가 아무리 똑똑하고 조심한다고 해도 나쁜 마음을 먹고 작정하고 다가온다면 많은 경우 속아 넘어갈 수밖에 없어요. 그 결과는 가장 교묘하게 사람의 심리와 정신적인 부분에 영향을 끼치기에 우리가 상대방을 얼마나 믿었는지에 따라 가장 힘들 수도 있는 케이스인 거죠.

제가 아는 동생 중 가스라이팅과 데이트 폭력을 당했던 친구가 있는데요. 워낙 외로움을 많이 느끼던 친구라 아무리 이야기를 해도 헤어질 생각을 못 하고, 도대체 어떠한 가스라이팅을 당한 건지 자신의 소중함조차 잊은 채 지금 남자친구 아니면 나를 사랑해 줄 사람이 없다고 믿었어요. 남자친구가 그 친구에게 넘치는 사랑을 주고 있는 것도 아니고, 심지어 남자친구가 자기 집에 와서 살고 있는 상황이고 오히려 자존감을 깎아 먹는 사람이었는데 말이에요. 정말 안타깝지만 나중에 스스로 깨지고 또 깨져 본인이 현실을 직시할 때까지 상황은 나아지지 않더라구요.

중요한 건 이렇게 안 좋은 타인이든 안 좋은 외부 상황이든 누구나 이런 상황에 처할 수 있다는 거예요. 우린 모두 아직 미성숙한 존재고 잘못된 선택과 실수를 범할 수 있으니 말이에요. 포인트는 '얼마나 빨리 자신의 잘못된 상황을 받아들이고 제자리로 돌아오는지'라고 생각해요.

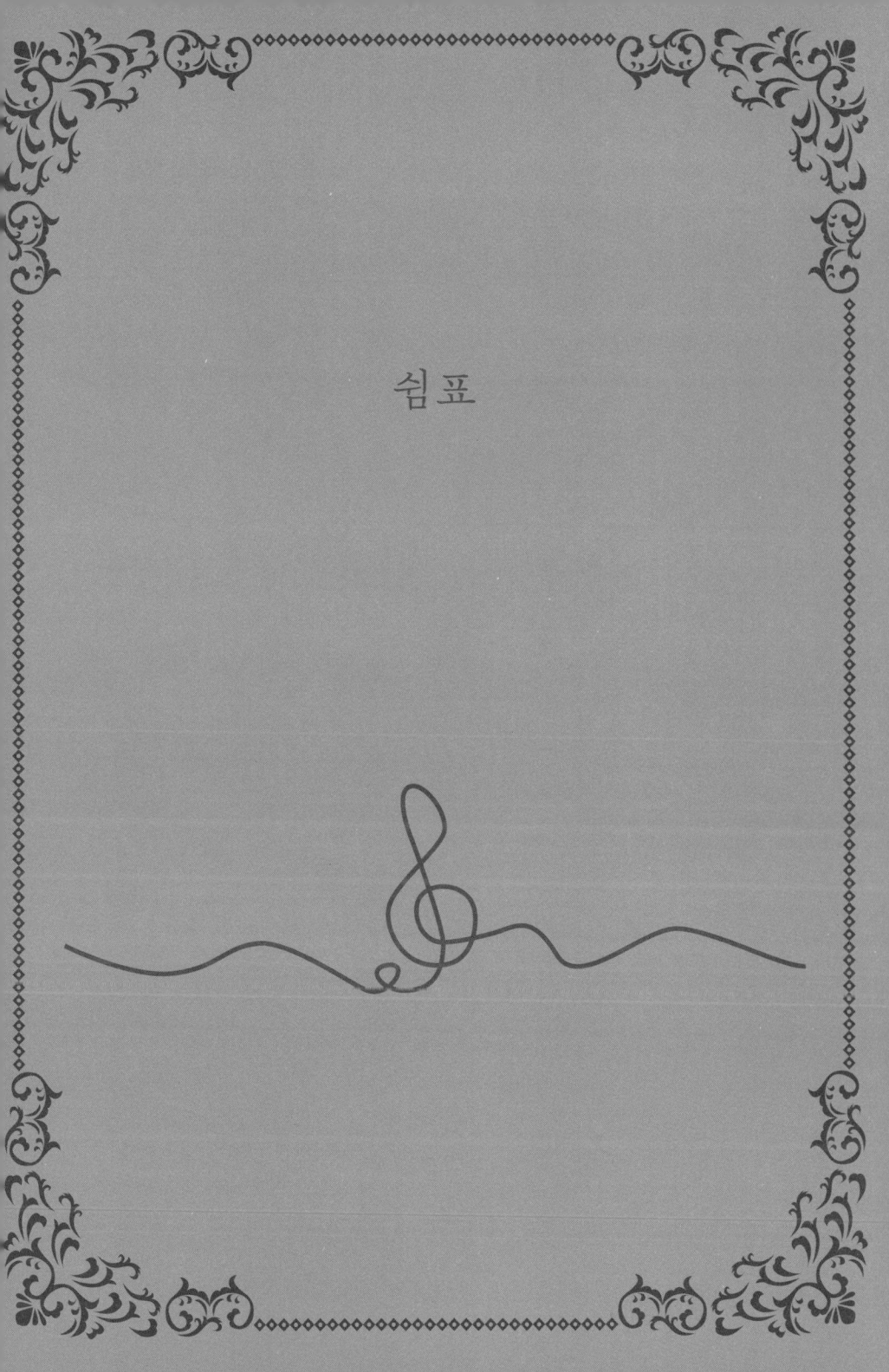

한 템포 늦어져도 괜찮아요.
무엇보다 가장 소중한 당신을,
열심히 달려온 자신을 돌보아 주고 아껴주세요.
나의 중심을 내가 지킬 줄 아는 힘.
자신이 얼마나 대단한 존재인지 잊지 말아요.

쉼표: 쉼이 필요할 때

위기에 위기가 겹쳐 정말 놓아버리고 싶을 때가 온다면 우리 인생에 잠시 쉼표를 찍어도 좋다고 생각해요. 아무리 좋은 자동차여도 가속에 가속을 더한다면 고장 나버리기 마련이듯 쉬어야 할 때를 모르고 계속 달리기만 하다 보면 사람 또한 지쳐버리게 되죠. 제때 쉬지 못해 번아웃이 온다면 다시 일어나기까지 필요한 시간과 에너지는, 중간중간 휴식에 소모되는 양보다 훨씬 더 많이 필요할 수 있어요.

그렇다면 어떠한 쉼표를 찍고 가는 게 좋을까요? 삶을 열심히 살아가는 방법에도 수만 가지 방법이 있듯 쉼표를 찍는 것에도 다양한 방법이 있어요. 하루 일과를 마치고 와인 한잔과 함께 욕조에 누워 스트레스 털어내기. 일주일을 잘 살아내고 주말에는 자연 속에서 힐링하기. 집 밖을 나가기 벅찰 만큼 한 주가 고되었다면 좋아하는 음식, 영화와 함께 침대와 한 몸이 되어 뒹굴기. 이렇게 하루, 한 주와 같은 작은 단위의 쉼표로 열심히 달린 나를 달래주는 것. 작은 쉼표가 불충분하다면 한 달 또는 일 년의 워킹홀리데이와 같은 굵직한 큰 쉼표로 나를 달래주는 것 등. 다양한 방법 중 제 인생에 있어서 큰 위안뿐만 아니라 배움을 준 쉼표가 있어 공유하려 해요. 바로 휴학 그리고 교환학생이에요.

교환학생

유학과도 큰 연관이 있었던 저의 인생 쉼표는 바로 교환학생과 휴학이에요. 대학교 3학년, 학업에 지치고 인생의 커리어를 어떻게 쌓아가야 할지 많은 고민을 했던 시기였죠. 캐나다라는 나라도 많이 경험해본 것 같고 새로움에 대한 갈망과 제 인생의 각성이 필요하던 시기였어요. 이대로 토론토 대학교를 졸업한다면 당연하다는 듯 토론토에서 3년짜리 워킹 비자를 받고, 이곳에서 일하고, 영주권을 신청하고. 그렇게 삶의 경로가 정해질 것만 같았어요. 캐나다에서 영주권을 딴다는 건 작정을 하고 캐나다에 입국해, 죽어라 노력을 해도 쉽게 주어지지 않는 기회이기도 하고, 또 누군가는 몇억씩 쓰며 위장 결혼을 해서라도 따내고 싶은 결과이기에 "하영아. 참 좋은 계획이다. 그보다 더 좋을 순 없을 거야"라고 말할 수 있겠지만 저에게 그 계획은 제 것이 아닌 것만 같았죠. 저는 미국, 중국, 캐나다를 나아가 더 큰 세상을 경험해 보고 싶었고 그 다양한 경험을 바탕으로 제가 확신이 드는 선택을 내리고 싶었어요.

23살 저의 버킷리스트를 들여다보면 '유럽에서 생활해 보기', '한국에서 일해보기'라는 두 가지 항목이 있었어요. '유럽에서 생활해 보기'가 저의 버킷리스트였던 이유는 유럽에 대한 로망도 있었지만, 제 커리어를 쌓아갈 배경을 선택할 때에 확신을 갖기 위해서였어요. 아시아, 북미를 경험해 보았으니 유럽이라는 대륙을 경험해 보고 싶었답니다. 유럽을 느끼기 위해선 여행을 가보면 되지 않느냐고 생각하는 분들이 있을 수 있지만 1주, 2주 정도의 짧은 시간으로 한 나라를 또는 대륙을 판단하기에는 턱없이 부족하다고 생각했어요. 유럽이라는 곳을 온전히, 자세히 느끼고 싶었고 그 나라의 문화와 사람들의 분위기, 일하는 환경 등 "내가 이곳에서 오래 생활을 한다면 어떨까"라는 질문에 대한 열쇠를 찾기를 원했죠. "그럼 길게 잡아 한 달 여행을 가면 되잖아?"라고 하는 분도 있겠지만 저는 놀고먹기 위해 가는 것보단 내가 갈 명분이 정확했으면 좋겠고 시간 낭비를 하고 싶지 않았기에 학업과 여행을 모두 잡을 수 있는 교환학생이라는 경로를 택했답니다.

"한국에서 일하는 건 어떤가요?"라는 질문 끝에는 항상, "하영아 한국 생활은 박하고 치열하니 네가 있는 해외에서 직장을 잡아보는 게 좋을 것 같아"라는 주변 분들의 의견이 있었어요. 하지만 그때 제 생각은 이러했답니다. "외국 생활의 박함은 겪어보지 않으신 분께서 어떻게 그런 결론을 내리실 수 있으신가요? 결국 모든 외국 생활에 대한 기준과 피드백은 본인의 것이 아닌 다른 사람의 말 아니었나요?" 사람을 판단할 때도 다른 사람이 만들어 놓은 평판이 그 사람에 대한 제 판단의 기준이 되지는 않기에. 참고는 할 수 있지만 결국 판단은 제가 직접 하는 것이니까요. 그 사람에게는 최악이었던 곳이 저에게는 천국이 되어줄 수도 있으니 제 커리어의 배경 또한 제가 직접 겪어본 후 결정하고 싶었어요. 그리고 제 삶 또한 그리 순탄하지는 않았으니 보통 사람이 말하는 힘듦은 감당할 수 있다는 용기가 있었어요.

머릿속에 이러한 결론이 나자마자 유럽 교환학생 신청을 위한 준비를 했죠. 유럽 국가 중 이탈리아라는 나라에 대한 로망이 있었고, 그중에서도 패션 중심지이며 동시에 유럽 교통의 중심지이기도 한 밀라노라는 도시에 가고 싶었어요. 더 나아가 경영대학으로 유명한 보코니 대학교 또한 밀라노에 위치해 있었으니 더 고민 없이 밀라노를 선택하게 되었죠.

저의 교환학생 경험을, 교환학생 기간 중 많이 받았던 질문들을 통해 자세히 풀어나가 볼게요.

Q. 교환학생 경험을 통해 얻은 가장 큰 배움은?

'나는야 #프로그램에도행복러'

제가 교환학생을 가게 된 시점은 이 책의 '위기' 부분에서 말씀드렸던 집에 도둑이 든 직후였어요. 그때 제게 세상이란 무섭고 험악하며 버티기 힘든 위험한 곳이었죠. 2016년 12월 도둑 사건이 발생한 후 당장 한 달 뒤인 2017년 1월에 출국해야 했는데, 그때 당시 저에겐 캐나다가 아닌 어디론가 떠나버리고 싶은 마음과 어디든 가기 무서운 마음 두 가지가 공존하고 있었어요. 안 그래도 치안이 안 좋다는 유럽인데 내가 가서 잘 버틸 수 있을지, 또다시 타지로 가서 생판 모르는 사람들과 살아갈 때 그 외로움을 감당할 수 있을지 두려웠어요. 유럽에 간다면 혼자 여행하고 멋지게 유럽 전역을 누비고 싶었지만, 친구들이 곁에 있어도 이렇게나 무서운 나날인데 다시 홀로 남겨진 내가 과연 밀라노 도심 여행이나 할 수나 있을지.

그렇게 두려운 마음 가득 품고 시작된 유럽 생활. 밀라노에서 나 홀로 생활을 시작한 지 2주 차, 제가 가본 여행지는 한 곳도 없었어요. 역시나 저는 학교-집 루트를 반복하며 전전긍긍하고 있었고 스스로를 우물 안의 개구리처럼 가둬두고 있었죠. 3주 차에 접어들 때 즈음 든 생각. '이렇게 6개월이 가버리면 어떡하지? 나 혼자 여행해 본 곳이 딱 밀라노 한 곳이면 어떡하지?' 너무 억울하더라구요. 그리고 이 시간을 효율적으로 사용하지 않은 저 자신을 두고두고 원망할 것 같았어요. 그 순간부터 용기 내기 위한 연습을 하겠다고 다짐했죠. '나 스스로가 아니면 그 누구도 바꿔줄 수 없겠다. 나를 comfort zone에서 끄집어내야겠다.' 저는 그 누구보다 이 시기를 효율적으로 사용하고 싶었고, 나의 두려움만 걷어낸다면 이렇게 좋은 기회를, 다신 오지 않을 이 시간을 누구보다 아름답게 보낼 자신이 있었어요. 아주 작은 스텝부터 차근차근 도전했어요. 제가 이미 가본 곳부터 다시 한번 가보기로 했죠. 조금이라도 익숙한 곳이라면 혼자 가는 것이 조금은 덜 무서울 테니까요.

그렇게 해서 홀로 간 첫 도시는 바로 이탈리아의 피렌체. 첫 피렌체 방문 때 미켈란젤로 언덕에(피렌체를 한눈에 담을 수 있는 유명 관광 명소) 해가 진 후 방문했던 것이 못내 아쉬워 언젠가 다시 꼭 와야지 다짐했었거든요. 재방문 때는 꼭 맥주 한 캔을 가지고 와서 밝을 때부터 깜깜하게 어두워질 때까지 사색에 잠기고 싶었던 곳이었어요. 그때 그 다짐을 실현하기 위해 미켈란젤로 언덕에 다다랐을 땐 그곳은 더 이상 그냥 광장이 아니었어요. 모두가 석양의 아름다움에 취했을 때 저는 석양 뒤에서 두려움에 대한 해결책을 보았죠. '아! 나 할 수 있을 것 같다'. 앞으로의 나의 여정들을 머릿속으로 그려보며 기대감에 가득 찼고, 그렇게 피렌체 여행을 발판으로 로마, 스위스, 독일, 네덜란드 등 차근차근 저의 여행 반경을 넓혀가며 아름다운 세상 속으로 저 자신을 내던졌어요. 그렇게 많은 나라를 여행하며 마주한 다양한 상황은 물론 마냥 행복하지만은 않았죠. 핸드폰을 잃어버리거나 비행기에 여권을 놓고 내렸을 때, 로마행 기차를 놓쳤을 때 또는 길을 잃었을 때 등등. 크고 작은 일들이 있었지만 그 속에서도 곤경에 빠진 나를 도와주려는 사람 또한 많음을 느낄 수 있었고, 어떠한 일이라도 결국 사건이 해결되는 과정을 겪으며 "우여곡절은 있을지언정 나는 그 속에서도 행복을 찾을 수 있겠다"라는 배움을 얻게 되었죠.

유럽의 아름다움을 경험하며 6개월이 지난 시점, 제 마음 속 작은 추억 조각들은 "세상엔 이런 아름다움이 무한대로 많을 텐데 나의 두려움이 조금만 더 컸다면 이 아름다움을 누리지 못했겠네"라는 깨달음을 주었어요. 내면의 두려움을 외면한 채 6개월이란 기간 동안 밀라노 집에서 안전만 추구했더라면 지금의 김하영은 없었을 것이기에 어찌나 아찔하던지요. 6개월 전 comfort zone을 박차고 나와 다시 한번 용기를 내어준 자신에게 참 고마웠고 "나에게 상처를 준 그런 쓸데없는 사람과 사건 때문에 인생이 나에게 주는 행복을 놓칠 순 없다"라는 것이 게 저의 결론이었어요. 제 인생에서 큰 두려움을 겪고 난 후 삶이 가져다주는 아름다움을 다시 한번 마주하게 되니, 다른 힘든 일이 닥쳐도 조금의 여유를 갖고 한 발자국 뒤에서 나의 상황을 객관적으로 바라볼 수 있게 되었어요. 뿐만 아니라 곧 또 행복한 일들이 내 삶을 가득 채워줄 것이라는 희망을 가질 수 있게 되었죠. 그렇게 인생에 대한 믿음이 생기고 시련에 대한 새옹지마의 마인드셋을 가질 수 있었던 기간. 교실 안에만 앉아있었다면 얻을 수 있는 교훈이었을까요? 아니요. 6개월이란 교환학생의 기간은, 또 그 순간순간 내린 저의 선택의 결과는 '프로그램에도행복러'라는 저의 인생 키워드를 다져준 자양분이었답니다. 그럼에도 불구하고 세상은 아름답고, 그 속에서 살아가는 우리의 인생 또한 그러해요.

Q. 교환학생 기간 중 가장 힘들었던 점은?

익숙해지지 않는 사무치는 외로움

왠지 더 거대하게 느껴지는 거인 같은 건물들, 한 글자도 못 알아듣

겠는 말들을 하는 사람들 사이에 다시 완벽한 혼자가 되어보니 얼마나 무섭던지요. 밀라노라는 아름다운 도시에서 저는 인간의 연약함을 다시 한번 체감할 수 있었어요. 미국, 중국, 캐나다에서의 적응기를 거친 후 외로움이라는 감정에는 자신 있었고 또 다른 외로움이 다가와도 자연스럽게 버텨낼 줄만 알았는데, 다시 한번 그 감정을 마주하니 외로움이라는 감정은 익숙해지지 않는 것이라는 걸 이내 깨닫게 되었죠. 그냥 길거리를 거닐다가도 외롭고, 그리 보고 싶었던 밀라노 두오모 성당을 바라보고 있는데도 외롭고, 매일 밤 침대에 누워 천장을 바라보는데 얼굴 옆으로 또르르 흐르던 눈물까지. 또한 언어의 단절이 주는 답답함 때문에 언어의 중요성을 뼈저리게 느끼기도 했어요. 유럽 내에서도 영국같이 말이 통하는 나라였다면 당장 누구에게 말이라도 걸 텐데 사방의 모든 표지판과 팻말들은 단 한 글자도 알아볼 수 없는 이탈리아어 천지였죠.

이탈리아로 출발 전, 이탈리아어를 배울 시간이 부족하자 "이탈리아 사람들도 영어를 어느 정도 하겠지? 수업도 모두 영어니까 굳이 배워가지 않아도 될 거야!"라는 생각으로 언어 준비를 소홀히 했어요. 현지에 도착하자마자 안일했던 저 자신을 원망했죠. 한국인들이 일본어를 못하는 것이 당연하듯 그들이 영어를 잘하지 못하는 건 당연한 것인데, 저의 잘못된 판단으로 유럽 생활 정착기에는 일상이 당혹스러움의 연속이었어요. 소통의 부재로 어려움을 겪을 때 도움받기 힘들었고 그로 인해 더 고립되는 현실에 많이 힘들더라고요. 제가 이렇게 언어의 단절로 힘든 시기를 겪었기에, 여러분께 언어 준비의 중요성을 재차 강조하는 것이랍니다.

Q. 교환학생 기간 중 가장 아름다웠던 순간은?

저에게 주어진 6개월이란 시간을, 다신 오지 않을 이 기회를 최대치로 사용하고 싶었던 저에게 3대 유럽 로망은 그리스, 베니스, 프랑스였어요. 그중에서도 가장 가보고 싶었던 곳은 영화 〈맘마미아〉의 배경이 되었던 그리스의 섬 산토리니였죠. 다른 도시들은 자유롭게 여행하던 와중에도 산토리니에 가는 것은 주저하고 있었는데, 그 이유는 신혼여행지의 대명사라는 사실과 대중교통이 불편하다는 악명 때문이었어요. 저는 혼자 여행 중인데 과연 달달한 커플들 사이에서 제대로 산토리니의 분위기를 만끽할 수 있을지가 고민이었어요. 또한, 다른 유럽의 도시들은 대부분 기차면 닿을 수 있는 곳이었던 반면 산토리니는 밀라노에서 아테네행 비행기, 아테네에서 산토리니까지 한 번의 비행을 더 해야 갈 수 있다는 사실. 여기서 끝이 아니라 산토리니 내에서도 대중교통이 잘 구비되어 있지 않다는 걸 알았기에 고민되었죠. 하지만 유럽생활의 후반부에 "지금이 아니면 또 언제 오겠어"라는 마음으로 결국 혼자라도 가겠다고 결정했어요. 가기로 정한 순간부터 시작된 "어떻게 해야 산토리니를 가장 산토리니답게 즐길 수 있을까"라는 고민. 많은 고민 끝에 저는 소규모 선상 투어를 하기로 했어요. 산토리니섬의 아름다운 스팟을 반나절 동안 요트를 타고 즐기는 투어였는데 중간에 예쁜 해변에도 멈추어 수영하고 선상에서 그리스 전통 스타일의 음식들도 즐기며 석양도 즐길 수 있기에 정말 완벽한 계획이었죠.

하지만 소규모 투어였던 만큼 모두 다 커플일 것을 알고 있었고 잠시의 고민 끝에 그래도 산토리니를 아름답게 즐기기 위해 투어를 예약했어요. 결과는 어땠을까요? 역시나 여러 커플들 사이 솔로는 저 하나였어요. 그렇다면 그 시간이 괴로웠을까요? 아뇨. 오히려 혼자였기에 선상 위의 선원들과 더 친해질 수 있었고 산토리니에 대한 더 자세한 설명을 들으며 그 순간을 온전히 만끽할 수 있었기에 행복했어요. (그때 친해진 선원과는 지금도 연락하는 친구 사이가 되었답니다. 바로 이런 것도 혼자 하는 여행의 묘미겠죠.) 요트의 해먹에 기대앉아 샴페인을 마시며 지평선 너머로 해가 지는 모습을 만끽할 때, 세계 3대 석양을 바라보며 내 인생의 아름다움을 감사할 때. 걱정스러웠던 여행이 유럽 생활의 최고의 추억이 되어준 그 모먼트가 교환학생 기간 중 가장 아름다웠던 순간이에요.

deargloria
가장 기대했던 유럽 여행지 TOP3"
영화 맘마미아를 보며 저기는 도대체 어떠한 지상 낙원일까라는 궁금증을 갖게 되었던 그리스. 여행을 마친 후 일기장에 적은 한 줄은, '따뜻함과 아름다움을 느낄 수 있었던 여행이었다.'

"가장 기대했던 유럽 여행지 TOP3"
영화 맘마미아를 보며 저기는 도대체 어떠한 지상 낙원일까라는 궁금증을 갖게 되었던 그리스. 여행을 마친 후 일기장에 적은 한 줄은, '따뜻함과 아름다움을 느낄 수 있었던 여행이었다.'

꿈에 그려왔던 산토리니 바다는 너무나도 청량했고 마치 맘마미아의 주인공이 된 것같이 행복했던 산토리니 바다 수영, 수많은 물고기와 함께 춤추는 것 같았던 스노클링. 혼자여도 그리스를 온전히 누리겠디며 예약한 요트투어는, 혼자라서 현지인 선원들과 대화하며 그리스에 대해 더 자세히 알아갈 수 있었고, Souvlaki를 먹으며 감상한 세계 3대 선셋 Oia sunset은 그 순간만큼은 아무 걱정 없이 인생을 만끽하는 나에게 잘하고 있다며 토닥여 주는 것 같았다.

우연히 만난 동행 언니와 무작정 함께 인생 얘기를 나누고 호텔의 뷰가 혼자 즐기기에는 너무 아깝다며 같이 즐기자는 말에 테라스에서 새벽까지 별자리를 찾으며 수다를 떨었던 밤. 다음 여행지로 향할 때 쓱 건넨 언니의 엽서에 짧았던 만남이 묵직한 울림이 되어 감동했던 기억.

조그마한 공항과 들쭉날쭉한 버스 배차가 미간을 찌푸리게 할 수는 있을지언정 경제난이라는 걸 느끼지 못할 만큼 여유와 자긍심을 가지고 살아가는 그리스 사람들이 마냥 좋아 보였다. 흰색과 푸른색이 만들어 낼 수 있는 최고의 하모니를 추억하며 '언젠간 사랑하는 사람과 꼭 다시 와야지'라는 다짐과 함께 떠나는 그리스.

날씨, 풍경, 음식 그리고 사람까지 love Greece. I really do.

#하블리in유럽 #교환학생 #그리스 #산토리니 #Greece #Santorini

Q. 교환학생의 가장 큰 장점은?

교환학생은 '합법적 백수로서의 장기 여행'

내가 해야 하는 것도 해내며 여유를 갖고 오랜 기간 여행을 즐길 수 있는 것이 바로 '교환학생'이에요. 삶을 살면서 6개월에서 1년이란 기간을 자유롭게 여행할 수 있는 확률이 얼마나 될까요? 학업과 본업을 다 뿌리친다면 가능하겠죠. 그에 동반하는 불안감은 물론 오롯이 우리가 떠안아야 하고요. 그렇다면 나의 본업을 버리지 않고도 가능한 장기 여행은 있을까요? 업 자체를 여행 관련 직종으로 변경하지 않는 한 불가능하겠죠. 물론 "워킹홀리데이가 있잖아?"라고 하시는 분이 계실 수도 있어요. 하지만 워킹홀리데이는 대부분의 경우 본인의 본업과 일치하지 않는 일이거나 해외를 간다고 해도 말 그대로 일을 하러 가는 것이기 때문에 주말에만 여행할 수 있고, 그것마저도 주중의 일로 체력을 모두 소진하여 여행에는 집중하지 못하는 경우가 많더라고요.

바로 여기서 교환학생의 장점이 드러납니다. 교환학생으로 간다면 나의 수업 스케줄은 자율적으로 내게 맞출 수 있기에 주중에도 주말에도 보다 더 자유로운 여행이 가능하죠. "굳이 학생 때 가야 할 필요가 없다. 나는 나중에 시간적 여유가 더 있을 때 가겠다" 하는 분들이 계시다면 왜 교환학생을 그리고 그중에서도 유럽이란 곳을 20대에 가는 걸 추천드리는지 말해드리고 싶어요. 인생은 타이밍이라는 말이 있듯이, 모든 것에는 적절한 시기가 있죠. 그리고 유럽여행을 준비하신다면 꼭 필요한 준비물이라 말씀드릴 수 있는 건 다름 아닌 '체력'이에요. 유럽여행을 온 사람 중에 한 나라만을 여행하는 분들은 드물어요. 이탈리아, 프랑스, 독일, 네덜란드 등 다양한 나라의 국경이 붙어있기에 한번 유럽여행을 할 땐 다양한 나라를 여행하죠. 심지어는 여행객들 사이에 동유럽 여행 루트, 서유럽 여행 루트와 같이 여행객들이 주로 여행하는 동선이 필수코스처럼 공유되고 있기도 하고요. 또한 다양한 국경을 넘나드는 만큼 많은 비행기와 기차를 타고 그에 따른 숙소 변경이 필수예요. 그뿐인가요? 한 도시 내에서도 관광명소가 많기에 하루에 만 보는 기본 2만 보까지 걸어야 하는 강행군이 동반되고요. 이렇게 체력이 중요한 유럽여행이기에 하루라도 나이가 어릴 때 그곳을 겪어보시길 바라요. 또한 나이가 들면서 여행에 대한 기대치도 높아지기에 20대가 민박집에서 자는 것과 40대가 민박집에서 자는 것은 큰 차이가 있어요. 20, 30, 40대 나이에 따라 같은 것도 다르게 느껴지기에 나중의 나에게 미루지 마시고 기회가 주어졌을 때 그 기회를 열심히 누리시는 것을 추천드려요.

Q. 여자 혼자 유럽에서 생활하기는 위험하지 않나요?

사실 소매치기부터 퍽치기까지 위험한 상황들이 참 많은 유럽인 건 맞아요. 카페에 핸드폰과 노트북을 방치하고 화장실을 가도 되는 한국과는 다른 세계의 이야기이죠. "가방을 앞으로 메면 내 것, 옆으로 메면 네 것, 뒤로 메면 우리 모두의 것"이라는 말이 있을 정도로 개인 소지품을 항상 신경 써야 하고 밖을 나갈 때면 항상 긴장 상태로 있어 마음이 불편하니 숙소로 돌아오면 피곤함이 몰려들 정도죠.

유럽 생활 초기의 제 모습을 회상해 보면, 집에 도둑 드는 걸 경험한 직후라 방어태세가 더 강했던 저는 외출할 때마다 완벽 무장 상태로 나갔어요. 눈은 수시로 사방을 요리조리 살피며 경계하고, 가방은 외투 안에 메서 그 누구도 제 가방이 어디에 있는지 모르도록 숨기고, 현지인같이 보이기 위해 화장도 안 하고 옷도 꾸미지 않은 채 모자를 푹 눌러쓰고 패딩을 입고 돌아다녔어요.(겨울이었길 다행이죠. 하하.) 옷뿐만 아니라 표정 또한 '나 지금 매우 기분이 안 좋으니 나한테 말 걸지 마'라는 듯한 험악한 표정으로 인상을 팍 쓰고 다녀서 나중엔 미간과 힘이 들어간 눈이 아플 지경이었죠. 다행히 시간이 지나 유럽 생활에 익숙해졌을 땐 인상까진 쓰지 않고 요령껏 제 소품을 잘 챙겨서 다녔답니다. 이러한 습관 덕분인지 6개월 내내 저는 단 한 번도 소매치기를 당한 적이 없었어요. 하지만 제가 들었던 소매치기 케이스들은 정말 수도 없이 많아서 무엇을 말씀드려야 할지 모르겠는데 가장 기억에 남는 것이 있다면 로마로 신혼여행 온 부부 이야기예요.

한 신혼부부가 이탈리아 패키지 신혼여행을 왔고 여행을 즐기던 중에 바티칸 박물관 앞에서 삼각대를 놓고 기념사진을 찍으려 했어요. 가이드가 관광 명소니 더더욱 조심하라는 말까지 했지만 그 부부는 기념사진 남기기를 강행했고, 포즈를 잡는 그 순간 갑자기 어디선가 흑인 두 명이 뛰어와 바닥에 내려놓았던 명품 가방과 카메라, 삼각대를 모두 들고 달아났다고 해요. 아름답게 기록하려던 순간이 잊고 싶은 공포의 순간으로 바뀌는 건 정말 한순간이었죠. 심지어 그 명품 가방은 예물이었기에 신부는 더더욱 절망했고 그렇게 그 신혼부부는 여행을 멈추고 당장 예비 여권부터 발급받으러 갔다고 해요. 이렇게 소매치기를 당했을 때 범인의 얼굴을 보았다면 그리고 그들이 잡을 수 있는 거리에 있다면 가서 체포하면 되지 않냐고 말하기도 하는데 저 또한 한때는 그렇게 생각했었어요. 그런데 현지인 모두 입 모아 하는 말 "범인이 도망가면 절대 따라가지 말라". 범행을 저지르는 현장에서는 범인이 한두 명밖에 없다고 생각할 수 있으나 그들이 달려가는 곳엔 같은 무리가 기다리고 있는 경우가 많아 더 큰 피해를 입을 수 있다고 해요. 또한 주변에 경찰들이 있어도 경찰들 또한 그런 경범죄는 눈감아 주는 경우가 많아 그냥 최대한 몸을 피해 도망가라고 하더라고요.

소매치기 말고도 파리의 집시, 밀라노의 장미상 등 다양한 방법으로 우리의 돈을 노리는 사람들이 있어요. 파리 몽마르뜨 언덕을 향하던 아시아 여자의 팔목을 잡고 팔찌를 채운 채 팔찌를 살 때까지 보내주지 않고 강매를 강요하는 흑인들, 버스나 지하철에서 예쁜 미소를 지으며 어른들의 관심을 사고 어른들이 한눈을 파는 사이 그들의 소지품을 훔치는 파리의 집시 아이들 등 이미 위험하기로 소문난 곳들이 있다면 더더욱 조심해서 험한 일을 당하지 않으시길 바라요.

그렇다고 해서 여행을 하시거나 생활하는 데 주눅 들어 살라는 말이 아니에요. 치안이 좋다는 한국에서도 위험한 상황에 처할 수도 있고 안전하다고 하는 캐나다에서도 저처럼 집에 도둑이 들 수도 있는 걸요. 중요한 건 내가 나 스스로를 위험한 상황에 노출시키지 않는 거예요. 안전한 생활 패턴을 가지고 소지품은 스스로 잘 간수하는 것과 같이 말이죠. 이런 부정적인 상황들이 아름다운 추억을 만드는 과정에 방해가 되어 저희에게 주어진 기회를 만끽하지 못한다면 그건 너무 아쉽잖아요?

Q. 어떤 사람에게 교환학생 경험을 추천하고 싶은가요?

사실 여건이 허락하는 모두에게 추천하고 싶지만 그중에서도 특별히 추천하고 싶은 사람들은 다음과 같은 사람들이에요.

① 아직 해외에서 거주해 본 경험이 없지만 풀리지 않는 궁금증을 품고 있는 사람

제가 유학을 하지 않았더라면, 교환학생 경험이 없었다면 저는 지금까지도 해외 생활에 대한 로망을 갖고 있을 거고 "언젠간 나도!"라는 마음을 가지고 있을 거예요. 나의 꿈이 내 것이 아닌 누군가의 꿈만 같다면, 나는 못 해보고 있는 나의 소망을 다른 사람의 이야기를 통해서만 들어야 한다면, 너무 속상하지 않을까요?

저 또한 교환학생으로 유럽을 가고 여러 나라를 직접 경험하기 전까지는 세계지도를 보아도 별 감흥이 없었어요. TV 속 먼 나라 정치판에 나오는 이야기, 또 다른 세상 사람들의 이야기만 같았죠. 하지만 네 번째 파리를 방문했을 때가 생각나요. 강가의 한 카페에 앉아 커피를 즐기고 있었는데 문득 제 뒤의 세계지도가 눈에 밟히더라고요. 그리고 다시 한번 들여다본 세계지도는 더 이상 먼 나라 이야기가 아니었어요. 다른 사람들의 이야기 같았던 세계지도가 이제는 나의 이야기로 가득 차 있어서 깜짝 놀랐답니다. 훅 들어온 이 감정이 퍽이나 마음에 들어 한참을 들여다보았던 세계지도. 그리고 앞으로 또 어떠한 이야기들로 더 채워나갈지 기대가 되어 신나더라고요.

여러분들도 "해외에 거주해 보고 싶은데 기회가 없다. 가서 일할 엄두는 나지 않는다. 여행으로 가겠다" 등 다양한 이유로 아직 용기를 내지 못하셨다면 교환학생이라는 기회를 십분 활용하시길 바라요. 딱 6

개월에서 1년이라는 정해진 기간 동안 여러분의 로망을 실현시켜 보시길 바라요. 남들의 이야기로는 충분하지 않은, 내가 꼭 겪어보아야 직성이 풀리는 여러분의 호기심을 응원합니다!

deargloria
무작정 들어간 파리의 카페에서 커피를 홀짝이다 눈에 들어온 벽면의 세계지도.

다른 사람들의 이야기 같았던 세계지도가 이제는 나의 이야기로 가득 차 있어서 깜짝 놀랐어. 너무나 마음에 들어 이 기분.

#하블리in유럽 #교환학생 #파리 #프랑스 #Paris #France

② 삶의 변화 그리고 시야의 확장이 필요한 사람

유학 자체가 삶의 변화고 시야의 확장이에요. 그런 유학 중이었던 저에게도 시야 확장의 윤활제가 되어주었던 건 교환학생과 휴학 동안의 경험이었죠. 해외에 나와 있다고 시야가 자동적으로 확장되는 것이 아니에요. 다양한 환경에 나를 노출시키고 내가 보지 못했던 것, 해보지 못했던 경험들을 해보았을 때 '아, 이런 세상도 있고 이러한 생활을 영위하는 사람들도 있구나'를 느끼며 비로소 시야가 넓어지는 거죠.

물론 저는 고등학생 때까지 미국과 중국에서의 유학 생활을 통해 한국에서의 생활보다 다양한 경험을 한 건 사실이지만, 이때까지의 경험은 교환학생 때 시작된 저의 경험에 비교하면 굉장히 제한적이었다고 생각해요. 학교라는 울타리 안에서 기숙사 사감 선생님, 담임 선생님의 통제 아래 말이죠.

그건 제가 원하는 역동적이고 주체적인 생활은 아니었죠. 토론토 대학교에 가게 된 후 비로소 제가 원하던 주체적인 삶을 살 기회가 주어졌지만 아쉽게도 학업에 집중해야 했기에 제 마음을 충족할 수는 없었어요. 3년째 공부에 집중하며 번아웃 증세가 오기 직전 결정한 것이 유럽으로의 교환학생이었어요. 그래서 당당히 말씀드릴 수 있어요. 삶 속의 쉼과 변화가 필요한 사람에게 추천드려요. 유럽 생활이란 정말 삶 자체의 변화였어요. 눈에 보이는 건물과 자연경관부터 달랐고 심지어 그들의 옷 입는 방식 또한 달랐어요. 한 번도 보지 못했던 생활 패턴, 정부의 행정 방식과 사람들의 사고방식은 내 나이에 비해 많은 걸 경험했다고 자부하던 저에게 충격으로 다가왔고 그 다름을 소화해 내는 것이 또 다른 도전이었어요. 많은 걸 보고 경험하며 제가 얻은 "그래. 세상은 이렇게 넓고 내가 갈 곳은 많다. 나의 무대를 한 나라로 국한하지 말고 나의 가능성을 세계라는 무대로 확장 시키자"라는 결심이었죠. 유럽에서의 생활을 통해 유럽에서도 해낼 수 있겠다는 자신이 생겼고 그렇게 "한 곳에서 실패해도 다른 곳에서 성공하면 되니 조바심 내지 않아도 되겠다"라는 다짐은 삶에 여유를 가질 수 있는 마인드셋을 갖게 해주었어요. 그렇게 저의 시야를 확장시켜 주었던 경험을 여러분들 또한 경험해 보시길 바라는 마음이에요. 그렇기에 삶의 시야의 확장이 필요한 사람에게 교환학생 경험을 추천드려요.

③ 다양한 스타일의 여행을 경험해 보고 싶은 사람

다양한 스타일의 여행이란 무엇일까요? 여러 지역으로의 여행이 될 수도 있고, 즉흥 여행, 관광 여행, 휴양 여행 등 기분에 따른 테마 여행이 될 수도 있고 금전적 여건에 따라 호텔, 호스텔, 카우치서핑 등 숙박하는 곳의 분위기 전환이 될 수도 있어요. 장기 여행을 하면 이 모든 것을 시도해 볼 수 있죠. 그뿐만 아니라 제가 '다양한 스타일의 여행'이라고 했을 때 더더욱 강조하고 싶은 부분은 사람이에요. 아무리 멋진 곳을 가도 동행이 누군지에 따라 그곳은 천국이 될 수도 있고 지옥이 될 수도 있어요. 교환학생 기간 중 서너 번 방문한 파리는 매번 다른 분위기와 다른 추억을 저에게 선물했어요. 그 이유는 바로 항상 다른 동행과 갔기 때문이죠. 홀로 가기도 하고, 친구 그리고 가족과도 함께 했어요. 누구와 함께하느냐에 따라 즐길 거리가 달라져요. 또, 다양한 사람들의 여행 스타일을 겪으면서 제게 가장 맞는 여행 스타일을 찾아갈 수도 있어요.

그 과정에서 가장 매력 있던 두 가지 여행 방식이 있었는데요. 첫째는 '홀로 여행', 둘째는 '낯선 이와의 여행'이에요.

저는 교환학생을 통한 여행 전까지 제가 홀로 여행을 이렇게 즐기는 사람일 줄 전혀 몰랐어요. 그 어떠한 계획 없이 아침에 눈을 떠서 내가 하고 싶은 것을 마음껏 누릴 수 있다는 점. 도시의 예쁜 도로를 누비다 마음이 가는 곳이 있으면 멈춰서 한참을 감상해도 된다는 점. 그리고 무작정 걸어 다니다 궁금한 식당이 있다면 바로 들어가서 먹어볼 수 있다는 점. 이 모든 걸 그 누구의 눈치 보지 않고 할 수 있으니 얼마나 편하던지요. 그리고 동행과의 수다도 좋지만 혼자만의 생각을 통해 더 많은 걸 만끽할 수 있다는 게 참 좋더라구요. 그 누구의 생각이나 취향을 반영하지 않아도 오롯이 나에게만 집중할 수 있는 시간이었어요. 제가 이렇게나 혼자 있는 시간을 좋아하는지 전에는 몰랐고, 이때를 계기로 저는 저만의 시간을 즐기고 혼밥, 혼카페, 혼책방, 혼전시회 등 더 많은 걸 당당히 해낼 수 있는 자신을 좋아하게 됐어요.

또 다른 하나는 '낯선 이와의 여행'이에요. 유럽여행을 하며 경험하게 된 새로운 문화는 바로 '유랑 카페'예요. '유럽여행의 든든한 동반자'라는 네이버 카페인데요. 유럽여행 동선 추천, 볼거리, 맛집 추천 등 다양한 유럽 정보를 얻을 수 있어 교환학생 기간 중 유용하게 애용한 카페예요. 이 카페의 특별한 점이라면 혼자 여행 온 다양한 여행자들을 연결시켜준다는 거예요. 바에 가고 싶은데 혼자 가기는 좀 위험할 것 같거나, 투어하고 싶은데 혼자 신청하기는 망설여질 때 카페에 "언제, 어디를 가고 싶은데 동행하실 분 있나요?"라고 글을 올리면 관심사가 맞고 일정이 맞는 분들이 댓글을 달고 그렇게 함께 만나 그날의 일정을 공유하기도 해요. 처음엔 '굳이 저걸 해야 해?' 싶었는데 혼자 있던 기간이 길어지고 느슨해질수록 가끔 그런 자극이 윤활제가 되어줘서 즐겁더라고요. 즉흥적으로 새로운 사람들을 만나는 것에 낯섦과 두려움을 없애고 그들을 알아가는 것에 흥미를 느끼게 된 것은 교환학생 때부터 시작된 것 같아요. '나에겐 아직 시작이 많다'라는 생각에 익숙해져 이 축복의 감흥이 희미해져 갈 때 즈음, 단기 여행 온 분들을 만나며 이들이 이곳에 얼마나 오래 머물고 싶어 하는지 또 그들은 여행을 오기 위해 얼마나 많은 것을 희생했어야 하는지 듣다 보면 다시금 "그래. 나의 이 행복을 만끽하자"라는 되새김이 되었죠. 또, 많은 사람들의 다양한 인생 이야기를 들으며 정말 세상은 넓고 다양한 사람들이 있다는 사실을 새삼 느꼈어요. 카우치 서핑을 통해 50만 원이란 예산만으로 한 달째 유럽여행을 하고 있던 브뤼셀 친구, 신혼여행이었어야 했던 유럽여행이 파혼으로 홀로 여행이 되어버렸던 피렌체 언니, 친구와 카페 동업을 마무리하고 새로운 사업 시작 전 리프레시하러 유럽여행을 온 파리 언니 등등…. 가장 흥미로웠던 동행은 산토리니 여행 중 우연찮게 만난 언니예요. 해변을 따라 거닐다 사진 찍어주려 잠시 멈췄던 게 한 끼의 식사가 되었고, 대화가 너무 재미있어 그다음 날까지도 함께하게 되었던 여행이었죠. 그렇게 이어진 인연이 지금까지도 연락을 하고 지내는 관계가 되었어요. 다양한 사람들의 이야기를 듣고 그들의 간접경험을 통해 제 여행이 더더욱 풍성해졌던 경험이었어요.

이처럼 혼자 여행, 친구나 가족을 초청해 함께하는 여행 등 다양한 스타일의 여행을 경험하셔서 '나에게 가장 잘 맞는 여행을 찾아가는 과정'을 경험해 보시길 바라요. 한 살이라도 어릴 때 내가 진정 좋아하는 것이 무엇인지 알아갈 수 있다면 그보다 좋은 게 있을까요?

Q. 마지막으로 교환학생을 준비하는 사람들에게 하고 싶은 말이 있나요?

'#삶리뷰어': 나의 여정을 기록하자

교환학생 이야기를 마무리하며 꼭 한 가지 추천드리고 싶은 점은 "나의 여정을, 순간순간 느끼는 감정을 기록해 두자"라는 것이에요. 이건 비단 교환학생 스토리에만 국한되지 않고 유학 내내 적용되는 이야기이기도 해요. 내 인생에 다시 돌아오지 않는 소중한 시간을 나만의 방식으로 '영원' 속에 담아두는 것. 유학, 교환학생이라는 인생 처음 겪는 과정 속에서 지금까지 알지 못했던 나의 모습과 처음 느껴보는 다채로운 감정을 마주할 수 있어요. 내 감정의 실체가 무엇인지 나조차도 모를 때에, 마음속을 자세히 들여다보고 솔직하게 글로 풀어내는 과정은 심오하면서도 나란 사람에 대한 이해이자 공부가 되어주기도 하죠. 경험에서 끝나는 것이 아니라 그 시간 속 좋았던 점, 아쉬웠던 점, 더 발전할 수 있는 점을 찾아내는 훈련이기도 한 과정.

'삶 리뷰어'라는 키워드로 저를 표현할 정도로 학창 시절부터 일상 속 다양한 추억과 자극을 기록하는 것을 좋아해 왔어요. 강연, 전시회, 맛집, 뮤지컬, 연극 등 생활 속 경험을 리뷰하고 그 과정에서 내가 느끼는 감정을 세세하게 기록하는 과정. 이러한 일상의 흔적은 훗날 나의 추억을 뒤돌아볼 때 '내가 10살 때 이러한 생각을 갖고 살아가고 있었구나. 어렸을 시절의 나 퍽 귀여웠군'과 같은 서프라이즈 선물이 되어준답니다.

저는 이탈리아로 출국하기 전, 제가 좋아하는 디즈니 스토어에 가서 제 마음에 꼭 드는 다이어리 한 권을 샀는데요. 6개월의 여정을 단 하루도 빼놓지 않고 빼곡히 기록해 두었죠. 기억에 남는 순간은 물론이고 하루를 마무리하며 느낀 저의 감정과 배움을 담아두었어요. 어느 곳을 가든지 그곳의 명함을 챙겨 와서 그 장소를, 사람들을 기억하려 했고 그렇게 담은 저의 감정은 6개월 동안 총 두 권의 다이어리가 되었고 지금도 돌아보면 저의 첫 유럽 생활에서 느꼈던 값진 배움이 마치 어제의 일처럼 생생히 다가와 "평생 느낄 수 있는 여행"을 선물 받은 기분이랍니다. 그 감정들을 생생하게 추억할 수 있다는 게 얼마나 다행인지. 두

꺼운 다이어리 두께를 보며 '느끼고, 배운 것 많았던 일상이었구나' 싶어 뿌듯했던 나의 교환학생 생활. 두드러지게 큰 변화는 아직 없다고 한들 내면이 한 뼘 더 성장하고 단단해진 나이길 알기에 값진 기간이었어요.

동영상, 사진, 그림, 메모, 편지, 글. 제가 애정하는 '기록' 방법인데요. 세상에는 다양한 방식의 기록법이 있으니 가장 나다운 방법으로 소중한 일상을 기록해 두시길 바라요. 기록하는 삶 정말 강추!

초등학생 때부터 시작되었던 기록 습관

휴학

Q. 어떤 사람에게 휴학을 추천하고 싶은가요?

'아무 일도 일어나지 않는다'

사실 대학교에 입학할 때까지만 해도 '휴학'에 대한 저의 관점은 부정적이었어요. "휴학? 휴학하면 포기자, 실패자가 되는 거 아냐?"라는 생각으로 가득 차 있었죠. 하지만 저와 같은 생각을 가지고 있을 후배들을 위해 단도직입적으로 말씀드리자면 '아무 일도 일어나지 않는다'는 거예요. 2학년이 끝나갈 때쯤에는 오히려, 쉼을 위해서 또 사회에 나가기 전 인턴 경험을 하기 위해서 '휴학은 필요하다'라는 생각을 하기 시작했어요. 그렇게 4학년에 올라가기 직전 휴학을 결심했고, 저의 휴학 일상을 '#하블리11휴학'이라는 해시태그와 함께 인스타그램에 공유했어요. 1년의 휴학 기간이 끝나갈 무렵 많은 친구들로부터 연락을 받았죠. 휴학 경험에 대해서 또 휴학을 추천하는지, 어떠한 마음가짐으로 휴학을 결심했는지 등등. 제가 그런 친구들에게 공유했던 내용을 추린다면 크게 세 가지가 있는데요. 여러분 또한 휴학을 고민하고 있다면 다음 세 가지 중 해당하는 사항이 있는지 본인 마음을 들여다보셨으면 좋겠어요.

    1. 내가 가고 있는 길의 방향성에 대한 고민이 있다. (내 전공이 안 맞는 것 같다. 편입이 고민된다.)
    2. 삶이 지치고 휴식이 필요한 것 같다.
    3. 지금 나의 삶에 공부보다 중요한 우선순위가 생겼다.

이 중에 내 이야기 같다 싶은 것이 있다면 휴학을 고려해 보길 권해드려요. 하지만 이보다 더 중요한 게 있답니다. 세세하게 구체적인 계획을 세우는 것. 6개월이든 1년이든 정해진 시간 동안 내가 이뤄내고자 하는 목표를 상세하게 정해두는 것. 한정적인 시간인 만큼 이 기간을 가장 효과적으로 활용하기 위한 나만의 버킷리스트를 작성해 보길 바라요.

① 내가 가고 있는 길의 방향성에 대한 고민이 있다

전공이 안 맞는 것 같다면 전과를 하고 싶은 전공이 있는지, 있다면 전과를 위해 필요한 과정은 무엇이고 예상 소요시간이 얼마나 되는지 생각해 보아야 해요. 정해놓은 과가 없다면? 정해놓은 관심사나 과가 없다고 당황하거나 스스로 자책할 필요는 없어요. 우리나라의 교육과정은 개개인의 개성을 중시하지 않고 정해놓은 방법으로 정해놓은 길을 가게끔 한다고들 하죠. 그렇기 때문에 인생을 어떻게 꾸려나가고 싶은지 방향성이 아직 잡히지 않았을 수 있어요. 그저 서른이 넘은 어느 날 "나라는 사람은 도대체 누구인가"라며 방황하는 불상사를 겪기 전에, 이 세상이 정해놓은 공부 말고 휴학을 기회 삼아 나에 대한 공부를 먼저 해내길 바라요. 내가 어떤 사람인지, 나는 무엇을 좋아하고 무엇을 싫어하는 사람인지 진지하게 알아보시길. "나에 대한 공부"라고 하면 굉장히 거창하고 어렵게 느끼는 사람들이 있죠. 하지만 당황하지 마시고 가장 작은 스텝부터 먼저 내딛는 건 어떨까요? 갈림길이 나왔을 때 항상 습관처럼 가던 길 말고 '나'라는 사람이 진정 가고 싶은 길이 어떤 길인지 서두르지 않고 잠시 멈추어서 생각해 보는 거예요. 편의점에서 음료수를 고르는 사소한 순간에도 여러 가지 선택지 중에서 늘 마시던 음료 말고, 내가 이 순간 진정 마시고 싶은 것은 뭔지 잠시 생각을 해보는 거죠. 이렇게 사소한 습관에서 내 마음의 소리를 들어주는 것부터 시작하는 거예요. 이러한 습관들이 모일 때 내가 진정 좋아하는 것들을 알아갈 수 있고 이것이 확장되면 내가 좋아하는 사람, 좋아하는 미래로 이어질 수 있게 돼요.

내가 어떤 사람인지 단시간에 가장 효과적으로 알아가고 싶다면 나를 더 다양한 상황에 노출시킬 계획을 세우는 걸 추천드려요. 보다 다양한 것들을 체험할 때 "나한테 이런 모습이 있구나"라고 놀랄 만큼 다양한 나의 모습을 맞닥뜨릴 수 있게 되기 때문이죠. 베이킹, 농구, 바리스타, 코딩, 여행 그 어떤 것이어도 좋아요. 해보진 않았지만 나와 잘 맞을 것 같은 그 어떤 것이어도 좋고, 동경하던 직군을 체험하는 등 그 무엇이라도 좋아요. 지금 바로 리스트를 작성해 보아요.

② 삶이 지치고 휴식이 필요한 것 같다

사람의 에너지는 유한하기에 완급 조절 없이 앞만 보고 달린다면 언젠간 삐걱거리고 주저앉아 버리게 될 수도 있죠. 한계치에 다다른다고 느껴진다면 잠시 쉼표를 찍을 줄 아는 용기가 필요해요. "모든 걸 버리고 떠나라!"라는 게 아니에요. 무작정 도피하지 말고 명확한 기간을 설정하는 거예요. 그리고 수고한 나에게 주는 선물이라 생각하고 그 기간 동안은 아무 생각하지 말고 푸-욱 쉬어봐요.

내가 정한 기간이 어느 정도 지나면 몸이 간질간질하며 무언가 하고 싶은 시기가 올 거예요. 그럼 그때가 바로 두 번째 스텝, 계획을 세울 타이밍! 이번엔 나에게 시간적 여유가 주어진다면 하고 싶었던 버킷리스트를 작성해 봐요. 나의 행복에 결여되어 있던 요소가 무엇인지 알 수 있는 계기가 될 거예요. 경제적으로, 시간적으로 이 모든 리스트를 당연히 휴학 기간에 해낼 수는 없겠죠. 그럴 땐 가장 하고 싶었던 것 세 가지만이라도 시도해 보기로 해요. 그렇게 자신에게 힐링과 다시 발돋움할 힘을 주는 선물 같은 시간. 언젠간 미래의 내가 다시 지쳐올 때, 나의 행복을 위해 투자한 이 경험이 잠시 나의 힐링을 위해 투자해도 된다는 동기부여가 되어줄 거예요. 힘든 나를 꾸역꾸역 멱살 잡고 가는 것보다, "휴학 기간 동안 나는 쉴 거야!"라는 무계획보다 훨씬 도움이 될 방법. 열심히 달린 자신을 다독인 후, 남은 휴학 기간동안 해내고 싶은 것들을 차근차근 쳐낼 수 있는 건강한 근육이 생기길 응원해요!

③ 지금 나의 삶에 공부보다 중요한 우선순위가 생겼다

우선순위가 확고할수록, 깨달음이 빠를수록 좋아요. 계획이 디테일하면 더 좋죠. 이 동기로 휴학을 고민하고 있는 사람이라면 전 정말 두 팔 벌려 환영하는 쪽이에요. 저 또한 휴학을 고민하고 있을 때 제가 휴학을 하고 싶은 이유를 리스트로 적어보았어요.

1. 인턴십 경험 쌓기
2. 중국어 자격증 취득하기
3. 어도비 포토샵, 일러스트 자격증 취득하기
4. 나 홀로 유럽여행 해보기
5. 연극무대 서보기
6. 아나운서라는 직종 더 알아보기
7. 스포츠 관련 자격증 취득하기
8. 스페인어 배우기
9. 폴 댄스 배우기
10. 꽃꽂이 배우기

앞에서도 간단히 말씀드렸듯, 졸업까지 1년이 남은 시점에 인턴 경험을 통해 내가 어떠한 회사 문화와 맞는지 알아보고 싶었고, 항상 동경해 왔던 아나운서라는 직업에 대해 알아보고 싶었고, 대학 졸업 전 중국어 실력을 더 강화하고 싶었고, 경영학도로서 영어, 중국어, 스페인어를 할 줄 안다면 엄청난 메리트가 될 것 같았기에 스페인어도 배워보고 싶었죠.

사회에 나가기 전 학생일 때 해보고 싶은 게 많았고, 내 인생에 있어서 1년은 나에게 투자하기에 결코 헛된 시간이 아니구나 하는 생각이 들었어요. 그 순간부터 스스로에게 끊임없이 "나의 1년을 어떻게 보낼까"라는 질문을 했고 가능한 선에서 최대한 세세하게 계획을 세웠어요. 그 뒤로 하나씩 도장 깨는 기분으로 해나갔죠. 어도비 자격증을 땄을 때 스스로에게 꽃꽂이 클래스를 선물했고, 필립스 인턴으로 합격했을 때 나를 위한 선물로 폴 댄스를 배우기 시작했어요. 이런 식으로 패턴을 만들어 자기계발을 했어요. 아나운서와 배우라는 직업을 동경해 KBS 아나운서 아카데미에 지원했고, 3개월 과정을 이수하며 어떤 직업인지 체험해 보고 말하기와 발음의 기본부터 라디오, 스포츠 생중계 등 다양한 방송 스타일을 배워볼 수 있었어요. 정말 흥미로운 기회였죠. 좋은 기회로 연극단에도 들어가게 되어 여주인공으로 예술의 전당에서 공연하는 영광도 누릴 수 있었어요. 그 어디에서도 가르쳐줄 수 없는 인생 레슨, 후회 없이 꽉 채워 보낸 1년이었고 앞으로 어떠한 길을 가면 좋을지 삶의 방향성을 찾을 수 있었던 기간이었어요.

그렇기에 여러분들도 학업보다 중요한 우선순위가 생겼다는 확신이 있다면 지금 당장 휴학을 하고 그 포부를 추진력 있게 강하게 밀고 나가길 바라요. 이 모든 것을 통틀어서 말씀드리고 싶은 건 인생의 쉼표를 찍더라도 시간을 그냥 소비하지 말자는 점이에요. 내가 이 '쉼표'를 통해 얻어가고 싶은 것이 무엇인지, 내가 내 시간 속에서 느끼고자 하는 것이 무엇인지 확실히 로드맵을 그릴 수 있으면 좋겠어요. 그냥 허송세

월 시간을 흘려보내는 것이 아니라 즐길 건 즐기며 내 인생의 다음 스텝을 위한 도약의 발판으로 삼는 시간이 되었으면 좋겠어요. 그렇게 학교에서는 배울 수 없는 진정한 인생 레슨 시간으로 삼을 수 있기를 바라요.

deargloria
불과 1년 전까지만 해도 예술의 전당에서의 공연은 관람만 할 줄 알았지 내가 무대 위의 주인공이 될 줄은 꿈에도 몰랐기에 더욱 소중하고 행복했던 경험.

그분의 사랑을 전하려 시작한 자리에서 나를 향한 그분의 마음을 느끼게 되어 행복한 시간. '내가 과연 진도리누걸 할 수 있을까'라는 막연한 두려움에 사로잡혀 있을 때 가장 행복하게, 또 많은 것을 배우며 섬길 기회를 허락하신 하나님. 소중한 동역자분들, 소중한 무대까지 예비하여 주심에 준비하는 순간부터 무대를 마치는 순간까지 내내 설레고 행복했어요.

찾아와 주신 분들 모두 감사해요.
또 하나의 소중한 추억에 오늘도 마음 따뜻하고 감사합니다.

#하블리n휴학 #예술의전당 #공연 #카라선교단

deargloria

여러명이 좋아합니다

deargloria

5th year as a Taekwondo Assistant & Interpreter and another 3 weeks of joy.
이제는 어언 5년 차 태권도 통역 조교, 그리고 역시나 좋았던 이번 기수 친구들. 허리 부상으로 시범보단 통역 위주로 참여해야 해서 아쉬웠지만, 그래도 태권도를 신기해하며 재미있게 따라와 주던 친구들이 정말 고마웠어요. 또 하나의 좋은 인연들을 만들게 되어 너무 행복했던 3주. 오늘 다들 한국을 떠난다는 인사에 마음이 찡해져 남기는 글.

Despite my physical condition, I was so glad to serve u guys as an interpreter. Saw all the posts saying that you guys are leaving Korea today. I will say good bye by reminiscing our memories! Hope to see u guys again real soon :)
잘 가 and take care wherever u are!

아빠의 '딸과 함께 태권도를 가르치고 싶다'던 바램도 함께하고 태권도 3단도 의미 있게 쓰이는 것 같아 매번 뿌듯한 추억.

#하블리n휴학 #태권도 #Taekwondo #interpreter #통역

결론

결론: 결말 아닌 결론

마지막 응원

모든 이야기엔 끝이 있듯 제 유학 이야기의 장황한 끝맺음을 기대하고 계실 수도 있어요. 하지만 저의 유학 스토리에 '결말'은 없답니다. 다만 내가 현재로서 내릴 수 있는 최선의 '결론'만 있을 뿐. 나의 결론은 다시 태어나도 유학을 할 것이라는 것. 한 번 사는 인생, 후회 없이 전력을 다해 멋진 인생을 살아볼 것이라는 것. 그 속에서도 일희일희의 기쁨을, 소중한 사람들과의 행복을 놓치지 않을 것이라는 것. 쉼이 필요하면 잠시 쉼표를 찍고 주변을 둘러보며 나 스스로를 재정비할 용기를 내도 된다는 것.

유학을 고민하고 있는 당신은 자신의 comfort zone을 벗어나 더 큰 가능성에 용기를 낸, 이미 성공의 궤도에 진입한 사람이라는 것. 당신은 이미 충분히 잘 하고 있다는 것. 이 기회를 잡고 주인공이 되어 다신 없을 당신만의 영화를 찍고 오기를 진심으로 바라요.

꿈꾸던 회사에서 일하며 책 출간을 통해 또 다른 인생의 챕터를 써 나아가는 일상 속, 12년간 유학 생활을 마무리하는 저만의 안녕을, 여러분께 전하는 제 진심 어린 응원을 보내며 책을 마칩니다.

100명의 유학 선배들의 한마디

책을 마무리하면서 지금 이 순간 여러분께 가장 필요한 게 무엇일까, 어떻게 하면 여러분께 더 큰 도움이 될 수 있을까 고민해 보았어요. 제가 다다른 결론은, 이 책을 읽는 이유와 동일하게 주변에 유학 경험이 있는 사람들의 생각과 경험을 들어보는 것을 가장 원하지 않을까 하는 것이었죠. 그래서 제가 여러분께 드릴 수 있는 최고의 선물로 제 인생의 가장 큰 복인 인복을 활용하기로 했답니다. 제 주변의 100여 명의 유학러 또는 해외 거주러 분들께 짧은 질문을 드렸어요.

"해외 생활 & 유학을 준비하고 희망하는 친구들에게 조언한다면 어떤 말을 해주고 싶나요? 어떻게 하면 유학 생활을 잘 끝마치고 올 수 있을지 고민하는 친구들에게 ○○ 님만의 목소리로 편하게 말해주세요."

가벼운 마음으로 시작한 짧은 인터뷰가 유학을 향한 다양한 사람의 다채로운 관점을 들여다볼 수 있는 흥미로운 시간이 되었어요. 답변 속에 담긴 묵직한 감정과 저에게 이 말을 전달하기까지 그들이 걸어왔을 결코 쉽지 않은 시간이 와닿았다고 할까요? 저 또한 저의 유학 생활을 돌아보는 계기가 되었고 무엇보다 간단한 질문에도 성심성의껏 심사숙고하여 답변 주신 많은 분께 너무나도 큰 감사드려요.

이렇게 많은 분의 이야기를 함께 담으며 전달해 드리고자 하는 말은, 제 의견이 답은 아니라는 것과 그리고 맞고 틀린 건 없다는 것이에요. 이 리스트에 포함되어 있는 훌륭한 분들의 유학에 대한 견해와 경험이 모두 다르듯, 여러분의 유학 경험 또한 여러분만의 고유한 작품이 될 거예요. 그러니 겁먹지 말고, 주저하지 말고 직접 저 넓은 세상에 나아가 본인만의 날개를 펼치고 훨훨 날아다니시기를 바라요!

김*형

저는 두 번의 해외 경험이 있는데요, 국가(일본, 프랑스)와 목적(교환학생, 석사)이 달랐던 만큼 두 경험 또한 매우 다르게 와닿았습니다. 오랜 경험은 아니지만 제가 겪었던 바를 바탕으로 해외 생활을 준비하고 계신 분들께 약간의 팁을 드리고자 합니다. 도움이 되었으면 좋겠네요!

1. 해외 생활의 목표와 기대하는 결과물을 구체화하기

아무래도 학생분들의 경우 향후 진로나 커리어에 다양한 가능성이 열려있는 만큼, 해외 생활이나 유학에 대해서도 '다양한 경험 쌓기' 등 추상적인 기대를 갖고 계신 분들이 있는 것 같아요. 해외 생활의 목표를 거창하지 않더라도 조금 더 구체화하면 원하는 성과를 얻는 데 도움이 됩니다. (또한, 효과적인 구체화를 위해서는 단순히 머리로 생각해 보는 것보다 이를 실제로 글로 적어보는 게 좋습니다) 예를 들어 교환학생일 경우 본인의 최우선 목표가 무엇일지 순서대로 리스트 업 해보시기 바랍니다.(e.g., 특정 언어 능력 키우기, 다양한 배경의 사람들과 만나 문화적인 경험하기, 전공과목에 대한 전문성 키우기 등) 이렇게 목표를 구체화하면 해외 생활 전의 의사 결정이나(e.g., 어느 국가/학교가 적합할지) 준비(미리 언어 배워 두기, 해당 국가/문화에 대해 알아보기) 역시 좀 더 쉬워지게 됩니다. 또한, 앞서 말씀드렸듯 명확한 목표가 있다면 실제 해외에서 지내실 때 본인이 집중해야 할 부분들도 명확해지고요.

2. 본인이 가게 될 국가에 대해 자세히 알아보기

생각보다 많은 분들이 본인이 머무를 국가에 대해 구체적인 정보 없이 해외 생활을 결정하거나 시작하는 경우가 있습니다. 예를 들어 특정 국가에 대한 추상적인 이미지 정도만을 갖고 말이죠.(미국이 영어 공부하기엔 제일 좋지 않을까? 프랑스나 이탈리아 여행 갔을 때 너무 좋았는데 살아보면 어떨까?) 1번에 말씀드렸던 '본인이 해외 생활에서 기대하는 목표와 결과물'을 염두에 두시고, 충분한 조사 끝에 국가를 결정하시는 게 중요합니다. 예를 들어 교환학생을 통한 영어 능력 향상이 최우선 목적이라면, 해당 학교에 있는 유학생의 국가/배경 비율을 알아보신다든가 혹은 해당 학교에 이미 다녀오신 분의 경험을 들어볼 수 있겠죠. 실제로는 미국에 간다 하더라도 학교에서 함께 생활하는 유학생의 대부분이 한국인이라면 '영어 능력 향상'의 목표를 성취하기 어려울 수 있습니다. 또 다른 예시로 해외 취업이 목표라면, 해당 국가에서 본인 전공의 취업 시장이 어떤지, 혹은 외국인의 취업률/난이도가 어느 정도인지, 본인이 기대하는 수준의 보상을 제공하는지 등을 충분히 조사해 보시기 바랍니다.

만약 가시는 국가가 이미 정해졌다면, 본인의 목표 성취를 위해 해당 국가에서 어떤 활동을 하면 좋을지, 어떤 사람들과 함께하면 좋을지 미리 고민하거나 서치해 보세요.(동아리나 학생 소셜 클럽, 파트타임 잡, 커뮤니티 활동 등) 예를 들어 워킹홀리데이라면, 일터에서는 여러분이 원하는 다양성을 갖춘 많은 사람을 충분히 만나지 못할 가능성이 있습니다. 좀 더 다양한 배경의 사람들과 교류하고 싶다면, 일터 외 어떤 커뮤니티 등에 참여할 수 있는지 미리 알아보고 고민하면 좋을 듯합니다.

3. 평범하지만 기본이 되는 오픈 마인드 갖기

해외에 나가게 되면 여러분들이 그간 경험하지 못했던 다양한 문화와 사람들을 만나게 되고, 이는 여러분들이 당연하다고 생각했던 '상식'과 다를 수 있습니다. 제가 여기서 말하는 '오픈 마인드'란 다양한 문화와 사람에 편견을 갖지 않다는 의미도 있지만 달라진 환경 속에서 여러분의 '상식'을 깬 사고방식을 갖는다는 의미에 가깝습니다. 예를 들면, 흔히 말하는 선진국에 간다면 여러분은 한국에서의 삶과는 다른 '마이너'의 생활을 경험하게 될 수 있습니다. 해당 국가의 '메이저' 집단에 비해 더 많이 노력하거나 더 적극적으로 접근해야 원하는 바를 이룰 수 있을지도 모릅니다. 또한, 특정 문화적 배경에서 온 사람들은 인종차별적 발언이나 행동을 '인종차별'로 생각하지 않을 수도 있습니다. 특히 기존에 다양한 배경의 사람과 만날 경험이 없던 사람이라면요. 이런 부분에 대해 무조건 수용하고 이해하라는 이야기가 아니라, 여러분들이 예기치 못한 상황에 처했을 때 조금 더 유연하게 이를 소화하고 더 현명하게 대처할 수 있는 마음가짐을 준비하라는 의미입니다. 물론 여러분들 역시 배려 있고 신중한 말과 행동으로 다른 사람들을 대해야겠죠.

이＊지

아주 사소한 하루 목표를 만들어보세요. 7시에 일어나기, 물 2L 마시기, 30분 산책하기, 낯선 사람 2명에게 먼저 인사하기, 한 정거장 먼저 내려서 걸어가 보기, 일회용 컵 대신 텀블러 쓰기, 일기 세 문장 쓰기. 아주 작지만 스스로 통제할 수 있는 단 하나의 목표를 달성하다 보면, 비참하리만큼 멍청한 나도 제법 귀여워 보일 때가 있습니다. 시험을 개판 친 와중에도 물은 잘 챙겨 먹었네. 건강하네, 나 자신. 수업은 못 알아들었지만 텀블러는 챙겨왔네. 지구 살렸네, 나 자신. 뭐가 됐든 오늘 하루 밥값했네. 뭐라도 했네, 나 자신. 스스로 다독여 줄 구실을 만들어주세요. 제 유학 시절은 늘 실패의 반복이었습니다. 부족한 나를 채우려고 오른 유학길이니 당연했습니다. 모국어가 아닌 언어로 경쟁을 해야 하니 시간은 늘 내 편이 아니었습니다. 그래도 어차피 실패할 건데 뭐라도 해보겠다고 용썼던 나를 한 걸음 뒤에서 바라보면, 짠하고 귀여웠어요. 심지어 이 모든 고통을 저는 어렴풋이나마 알고도 유학을 선택했던 아주 용감

한 학생이었습니다. 완벽한 유학 계획 같은 건 없어요. 누구라도 유학을 시작하는 순간, 실패할 겁니다. 사소한 하루 목표들을 용맹하고 귀엽게 초과 달성하며 매일 지속하는 자가 승률을 높일 뿐이에요. 오늘 하루도 고생 많으셨습니다. 어떤 방향으로든 이미 한 걸음 뗀 당신이 챔피언!

유*훈

다들 짧게는 어학연수로, 길게는 학업으로 해외 유학을 다녀오는 분들이 많아진 요즘이지만, 실제 본인이 결심해서 해외를 나가는 경우 나이 때, 국가, 목적에 따라 맞닥뜨릴 경험은 천차만별이고 각기 각색일 거예요. 따라서 유학이란 마치 정량적으로 정해진 목표가 있고 이를 이루기 위한 퀘스트라 보기보다는 삶의 한 챕터가 될 것이기 때문에, 목적 지향적으로 접근하기보다는 열린 마음으로, 생각하거나 기대하지 않았던 모든 것들을 수용하고, 슬기롭게 나의 한 부분으로 받아들일 수 있기를 저는 조언하고 싶습니다.

영어 단어 중에 이를 가장 잘 표현한 것이 serendipity인데요. fact of finding interesting or valuable things by chance, 즉 우연히 흥미롭고 가치 있는 것을 찾거나 눈여겨본다는 뜻이에요. 해외 생활 중 이 serendipity를 많이 느끼고, 한국에서 목적 지향적으로 정해진 코스의 살 때는 절대 얻을 수 없었던 새로운 자극과 배움이 있기를 희망합니다.

여기에 덧붙이자면, 한국이나 고향에서는 할 수도 얻을 수도 없는 것이 무엇일지? 그 차별점을 찾아내면 금상첨화일 것 같아요. 인간의 본성은 낯선 것을 두려워하거나 힘들어하기 때문에, 어느 시점에서는 익숙하고 그리운 것을 쫓아다니게 될 거예요. 이때 나의 시간과 결심을 들여온 이 낯선 곳에서

serendipity를 얻는 것을 다시 리마인드하고 앞으로 나아가시면, 필시 가치 있는 유학 생활이 될 거예요.

서*혜

제가 후배들에게도 가장 중요하게 말했던 포인트인데, 유학이 절대 현실 도피성의 선택이 되어서는 안 된다는 점. 막연할지라도 내가 원하는 진로 방향에 대해 최대한 깊게 생각해 보고 정보 수집해 본 후에, 가능한 선에서 몇 가지라도 옵션을 가지고 학교를 선택하는 게 중요한 것 같아요.

단순히 언어 배우기가 목표거나 학교 name value로 스펙 쌓기가 목표라면 얘기가 다르겠지만, 실제 나의 미래 커리어까지도 고려한다면 단순히 학교 이름만으로 유학 목적지를 판단할 수는 없어요. 분야마다 특정 학과나 코스가 유명한 학교들이 있는데 그런 정보 파악이 되어있지 않았던 저는 후회가 많이 되었거든요. 즉 되는대로 맞춰서 흘러가기보다 좀 더 자기 주도적으로 선택하는 유학 준비 과정이 있을 때 결과가 좋은 것 같아요.

그리고 학창시절 부모님과 떨어져 한번에 너무 많은 자유가 주어졌을 때 제어가 안 될 수 있어요. 그래서 유학생들 이미지가 안 좋은 것도 있고! 부모님이 유학이라는 큰 투자를 해주신 만큼 그 노력에 보답하고 감사하는 마음을 갖고 생활하는 것도 중요합니다.

동**벨

희망보다는 제대로 싸워보겠다는 비장한 마음으로 떠나기를 바랍니다. 또한, 나가서 보이는 내 모습이 결국 나뿐만이 아니라 생각보다 많은 것을 대변

한다는 것을 생각하고 책임감을 가지고 해외에서 지내야 합니다. 다양한 목표(언어, 문화, 친구, 학문 등) 중 하나는 내가 반드시 얻어 가지고 온다는 생각으로 각오를 다지기를 바랍니다.

권*일

　지적당하는 것을 두려워하지 말고 주변 모든 친구들을 스승이라 생각하고 끊임없이 물어보고 배우세요. 이러한 애티튜드는 해외 생활에만 국한된 것은 아니지만 지금의 저를 있게 해준 가장 중요한 마음가짐입니다. 저도 실제로 친구들한테 계속 지적당하며 배우고, 지금도 배운답니다. 처음엔 당혹스러운 과정일 수 있지만 지속성을 가지고 나아간다면 자연스러워지고 친구들에게도 고마운 마음이 들 거예요!

무기명

　유학 경험을 뒤돌아보았을 때 "너에게 가장 큰 배움을 준 습관은 무엇이니?"라고 질문한다면 바로 '매일의 기록'입니다. 다시 없을 경험을 짧게나마 날마다 기록하는 건 훗날 여러분의 추억과 자산이 되어 줄 것입니다. 인스타그램, 일기장, 아이패드, 캔버스 등 어디든 좋으니 맘껏 기록해 보시길 바랍니다.

이*찬

　현재 캐나다에서 9년 동안 대학 두 곳을 졸업하고 현지에서 일하는 사람으로서 앞으로 유학을 희망하는 분들에게 전하고 싶은 말을 생각해 보자면 세 가지가 떠오릅니다.

첫 번째로 "겁먹지 말자!"입니다. 물론 내가 쓰는 언어와 문화가 다르고 가족이나 아는 친구 없이 혼자 갈 경우, 그곳이 낯설고 때론 두렵겠지요. 하지만 내가 겁을 먹고 방어적이게 되면 새로운 곳의 언어와 문화를 배우고 흡수하는 데 어려움이 생길 수 있습니다. 다른 나라로 가는 것을 결심한다는 자체가 자기 자신이 새로운 곳을 향해 큰 결심을 가지고 한 발짝 내딛는 일이잖아요? 이미 가장 큰 결심에 성공하셨으니, 앞으로 긍정적으로 열린 마음을 가지고 한 발짝 한 발짝 걸어가셨으면 좋겠습니다.

두 번째로는 "건강부터 챙기자!"입니다. 외국에 나가 있으면 아프다고 부모님이 챙겨주시거나 오랜 친구가 챙겨주러 오지 않습니다. 유학생 신분으로는 병원 보험처리도 잘되지 않아 병원 가는 비용도 많이 들게 됩니다. 건강을 잃게 되면 공부도 일도 다 차질이 생기며 한국에서와는 다르게, 혼자 지내다 보니 심리적으로도 부정적인 영향을 받는 유학생들을 많이 봐왔습니다. 때문에 꾸준한 운동, 규칙적인 생활습관, 영양제 챙겨 먹기, 술 담배 자제하기 등 건강을 우선으로 생각하여 몸도 마음도 건강한 외국 생활이 되었으면 좋겠습니다.

마지막으로는 "꾸준함을 유지하자!"입니다. 저는 10대 학창시절에 공부하지 않고 군대 전역 후 영어에 관해 거의 백지상태로 유학을 왔습니다. 시작을 영어학원(ESL)에서 apple, banana와 같은 단어부터 배웠지만, 결국엔 두 곳의 대학교를 졸업하고 일도 잘 다니고 있습니다. 누군가 저에게 "어떻게 하였느냐?" 하고 물어본다면 전 꼭 꾸준함을 유지했다고 말하고 싶습니다. 처음부터 너무 많은 양과 높은 난도로 공부하려고 한다면 금방 지치게 되며, 그 어려운 다짐을 5년, 10년, 20년 유지하기가 힘들다고 생각합니다. 오랜 시간이 지나더라도 유지할 수 있는, 쉽지만 꼭 지킬 수 있는 양의 계획을 세우고 실행하시길 바랍니다. 예를 들어 저는 유학 온 첫날부터 9년이 지난 지금까지도 주말을 제외하고 하루에 영어 단어나 문장을 20개씩 외웁니다. 하루에 20개 정말 쉽고 간단해 보이지만 그 계획을 몇 해가 지나더라도 지치지 않고 꾸준하게 할 수 있는 양을 정해서 행하다 보면 어느새 학교에서든 직장에서든 영어 하나만큼은 자신 있게 꾸준히 성장할 거라 믿어 의심치 않습니다. 외국 생활을 희망하는 모든 분들께 성공적인 외국 생활을 기원합니다.

홍*수

해외 생활을 준비하거나 희망하는 그대들이여! 꼰멘트를 살짝 흘리겠습니다! 절대 상처받지 말자요! 말 그대로 해외에 있잖아요. 옆에 있는 모두가 각기 다른 문화, 다른 생각, 다른 교육을 받으며 자란 친구들이다 보니 의도와 상관없이 뱉은 말 또는 보여준 행동에 "오잉? 뭐지?" 할 수가 있답니다. 나의 말과 행동에 누군가가 상처받을 수도 있으니 나부터 심사일언!! 그리고 행복한 나의 해외 생활을 위해, "그럴 수 있지"라는 마인드 장착을 응원하겠습니다!

민*훈

유학은 자신과의 싸움입니다! 자유를 경계하고 자율을 가까이하세요~

홍*기

해외에서의 경험과 공부를 준비하시는 친구 여러분들 안녕하세요. 저는 고등학교와 대학교 시절 9년간을 캐나다에서 보낸 후 유학 생활을 마치고 한국에 들어와 정착하여 살고 있습니다. 다른 선배님들께서는 어떻게 하면 원하는 걸 이루어낼 수 있을지, 얼마나 더 많은 결과물을 낼 수 있을지에 대해 좋은 조언들을 많이 주실 것 같은데, 9년을 살아본 후에 느끼는 점은 조금은 다른 접근이라서 조금은 다르게 이야기를 풀어보고 싶어요.

타지에서 가족 없이 혼자 외롭게, 전혀 다른 문화 속에서 사용해 보지 못한 낯선 언어를 하며 살아낸다는 건 굉장히 어려운 일입니다. 겉보기엔 모두가 다 잘 해내는데 왜 나는 그러지 못할까 하는 생각이 가장 많이 들 수 있어요. 아무리 영어를 유창하게 하더라도 외국에서는 평생 이방인일 수밖에 없는 현실. 유학 후 한국에 돌아와 다시 뿌리내리고 살아가더라도, 내 자아가 형성될 시기에 외국 생활을 하게 되어 한국 사회가 원하는 가치관을 갖고 있지 않다는 이유로 한국에서도 이방인일 수밖에 없는 게 현실입니다. 양쪽에서 환영받지 못하는 이방인이 되어버리는 경우. 유학생 친구들이 만날 때 빠질 수 없는 이야기에요.

공부는 걱정하지 마세요. 언어 관련해서라면 해외 생활을 하면, 그 사회에서 살게 된다면 항상 그 나라의 언어에 노출이 될 수밖에 없는 환경이기에 무조건 잘할 수밖에 없어집니다. 거기에다 자신의 노력을 더한다면? 대학교 졸업은 충분히 가능합니다. 한국 대학교보다 두세 배의 노력을 더 해야 하는 게 외국대학의 현실이지만, 졸업은 가능합니다. 걱정하지 마세요. 환경에 놓이면 할 수 있어요. 어떻게든 하게 됩니다. 하지만 가장 중요한 건 마음가짐과 멘탈, 포기하지 않는 집념입니다. 끝까지 타지에서 살아남으며, 이방인이라는 느낌을 받더라도 최대한 이겨내려 노력하고, 스며들려 노력하세요. 저는 살아남기 위해 레스토랑에서 서버 알바를 하며 생활영어를 익혀나갔고, 고객 응대 방법을 배워 학교에서 교수님, 같은 반 동기들과의 자연스러운 대화에 적용했습니다. 이뿐만일까요? 졸업 후 면접 볼 때 또한 이러한 스토리를 이용해 많은 경험을 했다는 것을 증명했습니다. 이후 사업을 하게 되어 제 일을 하게 되었지만 이러한 경험은 사업을 할 때에도 아주 좋은 밑바탕이 되었습니다. 집에서 경제적인 서포트를 해주든 해주지 않던, 해외에서의 파트타임 알바 경험은 어떠한 형태로든 굉장히 중요한 것 같아요.(스타벅스/레스토랑 추천해요!) 공부에 지장을 주지 않을 만큼의 횟수로만 취미로 꼭 한번 해보세요. 해외 삶 속에 활력을 불어다 주고, 소속감을 주며 적응하는 데에 많은 도움이 되어줄 거예요.

유학이란 얼마나 좋은 성적으로 졸업했냐도 중요하지만 그것보다도 가장 중요한 건 얼마나 건강하게 다양한 경험과 다양한 친구들을 사귀며 인생을 행복하게 보내고 왔는지가 더 중요합니다. 아무리 성적이 뛰어나더라도, 그간의 유학 생활이 책만 본 빈 깡통의 생활이었다면 그 공부는 한국에서 독서실에서도 할 수 있습니다. 다시 돌아오지 않을 10대와 20대라는 인생의 가장 소중한 시기를 많은 경험을 하며 뿌듯하게 그리고 가장 중요한 건강하게 살아내기를 바라겠습니다.

아*란

해외 생활을 희망하는 예비 유학생들에게 무엇보다 네트워킹의 중요성을 강조하고 싶어요. 지원하는 학교의 졸업생들, 이미 해외 거주 중인 친구들을 포함한 최대한 다양한 사람들에게 reach out 하여 그들의 의견을 들어보세요. 사실 저는 하영이를 통해서 나의 comfort zone 밖의 다양한 사람과 교류하는 것이 얼마나 중요한지 배웠는데요, 비단 유학 순비 과성뿐만 아니라 유학 중에도 멘토십, 취업 지원, 학업 지원 등 학교에서 제공하는 다양한 프로그램을 활용하여 각자의 영역을 넓혀가시는 걸 추천드려요.

이는 유학을 준비하는 분들이라면 더욱 중요한 부분이라고 생각하는데요.

새로운 환경에 뛰어들기 전 이미 그 길을 걸어간 사람들의 의견을 들어보는 것이 여러분들의 시행착오를 줄여주는 데에 큰 도움을 줄 것이기 때문이에요. 주변에 직접적인 지원을 요청할 수 있는 지인이 없다면 링크드인, 페이스북, 유학원 등을 활용하세요. 우리는 클릭 한 번으로 지구 반대편까지 갈 수 있는 시대에 살고 있고, 열정 가득한 사람을 매몰차게 외면하는 사람들은 드무니 현명하게 준비하시길 바랍니다. 나만의 네트워크를 형성하는 과정이란 분명 어렵지만, 그 시작은 빠르면 빠를수록 좋습니다.

김*은

어차피 인간 사는 데는 다 똑같다. 거기나 여기나 다 사람 사는 데다. 제일 중요한 건 내가 누구를 만나느냐인데 사람 보는 눈을 기르는 걸 추천한다. 그것만 해결되면 전 세계 어디 가서 살아도 문제없다. 그런데 사람 보는 눈은 쉽게 가질 수 없는 거라 별의별 이상한 사람들을 다 만나보고 경험해 보고 찢어지고 넘어지면서 깨달으면서 얻을 수밖에 없다. 그러니 이를 대비하여 스스로를 소중히 여기고 올바른 판단을 할 수 있는 단단한 멘탈을 준비하는 게 첫 번째 스텝이라 생각한다.

장*경

언어를 배우는 목적으로 갔다면, 최대한 그 언어를 사용하는 현지인, 혹은 한국인이 아닌 자신과 입장이 같은 타국에서 온 사람들과 최대한 자주 접촉하고 어울리려고 노력하는 것은 몇 번이고 강조해도 지나치지 않다. 그리고 되도록 많이 말해라. 읽었을 때는 쉬운데 막상 말하려고 하면 현재형 과거형을 사용하는 게 생각보다 잘 안 되더라.

살다 보면 한국인과의 만남은 피치 못할 텐데 그렇다고 해서 억지로 피하려고 하지는 말고 잘 지내보자. 타국에서 살다 보면 정말 외롭다. 그럴 때 심적으로 도움이 될 수 있는 친구가 되어줄지도 모른다. 그래도 피할 수 없다면 한국인 + 현지인(혹은 외국인)과 같이 어울리도록 계속 의식적으로 노력해라. 그렇지 않다면 자칫하다 한국인들과의 만남이 편해지고 재미있기 때문에 영어는 안 쓰고 한국어만 쓰다가 한국으로 간다. 시간이 지나면 결국 전부 후회하고 남는 게 없게 된다.

유학을 시작하기 전, 유학을 통해 무엇을 얻고 싶은지 계속 고민해봐라. 언어면 언어, 더 나아가서는 학교를 졸업 후 어떤 커리어로 나아갈 것인지. '취업이 잘 되는 학과'보다는 '본인이 배우고 싶은 학과'를 선택하는 경우가 더 좋을 수도 있다.(나는 그랬다.) 무조건은 아니지만 그렇기 때문에 유학원, 타인이 이야기하는 말만 듣지 말고 본인이 생각한 전공이 얼마나 전망이 밝을지, 취업시장에 뛰어들 경쟁력이 있을지 제일 중요한 '나와 맞을지' 여러 가지 고민해보고 결정하자.

조금씩이라도 돈을 벌어보자. 학생비자를 받으면 주에 20시간 일을 할 수 있다. 위에 언급했던 것처럼 현지인들과 최대한 어울릴 수 있는 일터를 찾아 이력서도 넣어보고 인터뷰도 보고 그렇게 하다 보면 자신만의 노하우가 생길 것이다. 부모님의 지원이 든든하다는 가정하에 알바할 시간에 학업에 더 정진하는 게 바람직한 경우도 있으니 그것은 본인의 선택. 하지만 언제 현지에서 일을 해보겠는가. 나는 개인적으로 몇 시간이라도 알바를 해보는 것을 추천한다.

과감해져라. 한국에서와 다른 내가 되어보기. 한국은 남의 눈치를 보는 세상이기 때문에 나보다는 남의 눈치가 우선이라 뭔가 자신감 있게 행동을 못 하는 경우가 생기는데 외국에서 살 때만큼은 기존의 나를 버리고 또 다른 내가 되어 보자.

이*재

사실 누군가가 상상하는 평화로우면서 낭만적이고, 꿈과 행복이 가득할 것만 같은 해외 생활은 아마 존재하지 않을 가능성이 높아요. 평화로움은 매우 쉽게 외로움으로, 고대했던 낭만적인 삶은 아마 팍팍한 현실 속에서 잊혀질 거예요. 그러니까 도전자의 마인드로, 모험가의 당찬 결기로 꿈을 향해 거세게 달려드세요!

최*우

짧으면 짧은 대로, 길다면 긴 대로 대부분 해외 생활을 하다 보면 누구나 새로운 환경, 그리움, 외국어 등 다양한 벽을 느낍니다. 하지만 그 벽을 한번 넘어 보면 그 경험이 또 다른 벽을 넘을 수 있는 용기를, 뿐만 아니라 아주 큰 세상을 누릴 수 있는 귀중한 시야까지 선물로 줄 것입니다! 청춘을 즐기세요!

"Silence is the virtue of fools; A wise man will make more opportunities than he finds."

— Francis Bacon

무기명

일단 적기 전 제가 조언을 해줄 적합한 사람인지 모르겠네요. 각자의 상황과 의견이 다른 것이기도 하고, 저는 중고등학교 때 유학을 준비했던 사람은 아니라서… 하지만 해외에서 대학 생활을 짧게나마 경험해 보기도 하고 일도 해봤던 사람으로서 개인적인 의견을 몇 자 적어봅니다.

저는 '다름'에 대해 적극적으로/의식적으로 뛰어들어 보길 추천합니다. 유학을 간다는 건 다양성을 경험해 본다는 측면에서 가장 유리한 조건이지만, 본인이 노력하지 않으면 그냥 진한 해외 여행 느낌으로 끝나는 경우가 많은 것 같더라고요. 유학생 커뮤니티에만 집중하지 말고, SNS로 한국에 있는 친구들이랑 한국 트렌드만 보지 말고, 진짜 외국 사람들이랑 현지의 생활에 적극적으로 들어가 보길 추천합니다. 저는 일부러 같이 사는 친구들도 다 다른 국적(대륙) 사람으로 골랐었는데 그게 정말 잘한 선택이었던 것 같아요. 어색하더라도 한국인 한 명도 없는 모임이나 랜덤한 파티에도 가보시고요. 생각보다 의지를 갖고 하지 않으면 그냥 그 소사이어티 밖의 사람으로 끝나기가 쉬운 것 같습니다.

또한, 유학의 다음 단계를 항상 생각해 보길 바랍니다. 유학은 종착지가 아니라 그냥 내 인생의 한 궤적인 건데, 그다음 단계를 생각 안 하는 경우가 종종 보이더라고요. 내가 한국에서 직장을 구할지, 그 나라에서 구할지, 그렇다면 어떤 코스를 듣고 학위가 필요할지, 혹은 학계에 남는다면 다음 학위도 이 나라에서 할지. 이러한 것들에 대한 고민을 멈추지 않으면 좋겠습니다. 유학을 간다는 것은 이미 옵션이 더 풍부하게 많아진 상태라는 뜻이기 때문에, 오히려 한국에 남아서 공부하는 친구들보다 치열하게 고민해야 할 거예요.

마지막으로 언어만큼은 늘어서 오기. 당연한 말이지만 이게 반드시 따라오는 결과는 아닌 것 같더라고요. 유학 갔으면 그 나라의 언어만큼은 한국에서 교육받은 사람들과 차별점이 있을 만큼 능숙해져서 돌아오시길 추천드립니다.

정*진

한국에서 당연하다고 여겼던 부분에 대한 편견을 깨는 기회라고 생각하셨으면 좋겠습니다. 다양성과 다름을 두려워하지 말고 있는 그대로 보고 인정하는 기회라고 생각합니다. 세상은 넓고 그만큼 사람, 문화는 지역별로 다 다르니까요. 한국도 많이 다양해졌지만 한국 밖에서의 다양함은 또 그 깊이와 넓이가 다르니, 편견을 가지게 되는 계기만 되지 않았으면 합니다.

최*은

국가대표 요트 선수로 12년간 20개국을 오가며 전지훈련과 시합에 출전하였고, 영어를 좀 더 배우고 싶어서 약 8개월 동안 캐나다로 어학연수를 다녀왔습니다. 해외 생활 & 유학을 준비 중이라면 최대한 그 나라의 문화, 행사들을 모두 경험해 보고, 다양한 국적의 사람들과 대화해 보는 것을 추천드리고 싶습니다. 스포츠 경기, 엑스포 등 다양한 행사들을 참여하다 보면 현지인들의 행동, 성향, 문화를 자연스럽게 파악할 수 있습니다. 사진이나 영상을 통해 기록으로 남기고, 그곳의 분위기를 담고 나중에 보면 힘들었던 순간도 기억에 남는 추억이 되고, 삶의 동기부여가 되기도 합니다.

영어는 한국인의 평생 숙제라고 생각합니다. 모국어가 아니기 때문에 공부를 하더라도 항상 부족함을 느끼고, 저 같은 경우 외국인 앞에만 서면 자신감이 떨어졌습니다. 그때마다 오히려 찐 외향인처럼 연기를 한다고 생각하면서 어학원 친구들과 함께 카페에 가서 얘기하거나 공부를 하고, 도서관에 찾아가 다양한 국적의 사람들과 대화하려고 노력했습니다. 대화를 통해 각국의 공통점, 차이점을 발견하는 것도 좋은 경험이었고, 다양한 악센트를 들으며 문맥, 문장의 내용을 파악하고, 그것을 나만의 언어로 바꿔 사용하는 연습을 했습니다. 출국 전보다 영어에 대한 두려움은 없어졌고, 회화 능력은 훨씬 향상되었습니다.

출국 전 준비는(어학, 생활비, 교통편, 지리 파악) 철저히 할수록 현지에서 더 적응하기에 수월했습니다. 저는 보통 네이버 블로그, 인스타그램, 유튜브, 구글, 여행 책자, 지인에게 물어보는 등 각가지 궁금했던 정보들을 미리 파악해 놓고 현지에 도착해서 실제로 파악한 정보들이 정확한지 대조해 보았습니다. 해외 생활, 유학을 준비하는 것은 쉬운 일이 아니지만, 자기 자신을 한 단계 발전시킬 수 있는 과정이라고 생각합니다.

설렘과 기대감으로 건강하고 알찬 하루를 보냈으면 좋겠고, 시간과 여유가 있을 때는 가까운 주위 도시나 나라도 여행하며 한국에서는 하지 못할 값진 추억과 경험을 쌓길 바랍니다.

김*휘

해외 생활, 유학 생활에 대한 막연한 환상을 가지고 유학길에 오르려고 한다면 더 신중하라고 말해 주고 싶어요. 유학은 끝이 보이지 않는 넓은 세상에 혼자 뛰어드는 것인 만큼 본인이 걸어갈 길을 직접 만들어 나가야 하고, 자유가 더 많이 주어지는 만큼 결과에 따른 책임이 크기 때문이죠.

유학하고 싶은 이유와 그 시간을 통해 얻을 긍정적인 변화가 뚜렷하다면 기회를 반드시 잡으세요. 내면의 단단함, 어떤 일을 직면해도 잘 헤쳐나갈 수 있는 대담함, 그리고 여러분의 학창 시절을 특별하게 만들어 줄 소중한 사람들과의 추억을 얻을 수 있습니다.

가서는 반드시 외국 친구들과의 관계에 중점을 두라고 일러주고 싶어요. 현지 친구들과의 관계를 진하게 쌓아가다 보면 언어 습득은 기본이고, 어느새 새로운 문화와 사고를 이해하고, 이질감 없이 잘 스며든 대견한 스스로를 발견할 수 있을 거예요. 물론, 비슷한 유학생들로부터 얻는 편안함과 유용한 정보가 생활에 도움이 되기도 하지만, 유학은 얼마나 빨리, 그리고 멀리 익숙한 환경에서 벗어나느냐에 따라 얻어 가는 것이 확연히 다르다고 생각해요.

편하고 쉬운 길만을 추구한다면 절대 추천하지 않아요. 어느 상황이든 부딪혀 보고, 매 순간 본인의 최대치로 살 준비가 되어 있다면 진심으로 유학 생활을 응원할게요. 유학하는 동안 쌓인 경험과 인연은 평생 특권으로 안고 살아가게 됩니다.

박*재

먼저 다가가기.
외국인이라고 겁낼 필요 없이 학교 사람들에게 먼저 적극적으로 말을 걸어 보세요. 운동을 좋아한다면 같이 하자고 먼저 물어보세요. 적극적으로 다가온다고 싫어하는 외국 친구들은 단 한 명도 없었습니다.

자신감 갖기.
유학 생활 중 언어적 장벽 같은 크고 작은 이유로 낙심할 때가 있어요. 그럴 때일수록 자신감을 가지세요. 저는 항상 속으로 "난 가족과 떨어져 혼자 외국으로 유학까지 온 대단한 놈이야"라고 생각하며 버텼습니다.

다양한 활동 찾기.

힘들 때나 한국에 너무 돌아가고 싶을 때, 정신적으로 버티고 힐링할 수 있는 활동을 찾아보세요. 아무거나 좋은 것 같아요. 저에게는 그것이 축구와 신앙이었습니다. 축구는 어릴 때부터 좋아해서 지치거나 머리가 복잡할 때마다 했습니다. 몸과 마음이 가벼워지거든요. 둘째로, 매주 교회를 나갔던 것이 일주일을 정리하고, 고된 한 주였어도 정신적인 안정감을 찾을 수 있었던 과정이었어요. 물론 처음 한 달은 가서 무슨 말인지 하나도 못 알아들었지만 이 또한 영어 실력을 향상할 수 있었던 계기가 되어주었습니다.

최*석

유학은 네 장래의 치트키일 수도 있어. 왜냐면 한국에서 서울대, 연대보다 해외 유명 학교를 가는 게 어찌 보면 좀 더 쉬울 수 있거든. 선택지가 많기도 하고. 그러니 한국에서 어릴 때 즐길 수 없는 것들을 못 즐기는 거에 아쉬워하지 말고 장기 투자라고 생각하고 열심히 공부하며 부모님이 보내주시는 돈 허투루 쓰지 마. 놀지 말란 이야기야. 대신 경험할 수 없는 것들을 배워. 스포츠라든지, 악기라든지. 한국인들끼리만 몰려다니며 한국어 쓰지 말고 좋은 외국 동성 친구 한 명을 사귀는 게 훨씬 좋을 거야.

김*현

유학을 고민하고 있다면 최대한 빨리 결정해서 오기.
최대한 어릴 때 유학을 와야 영어 실력 그리고 발음 모두 사언스럽게 빨리 늘 수 있다.

Step out of your comfort zone.
유학을 오면 최대한 한국인들이랑 친하게 지내려고 하지 말고, 외국인들 주위로 친구 사귀고 놀 것. 어차피 대학 졸업하면 자연스럽게 한국인들 인맥 생길 기회는 많다.

나이에 집착하지 말 것.
만약 고등학교, 대학교와 같이 조금 늦은 시기에 유학을 시작한다고 할 때 걱정 말자. 한국 문화와 달리 해외는 나이를 별로 따지지 않기에, 전공을 바꿔 대학을 다시 다니고 취직해도 나이에 비중을 크게 두지 않는다. 단 늦은 만큼 영어 실력 증진과 해외 생활에 익숙해지는 데 노력을 많이 할 각오하고 올 것.

유학 이후 영주권까지 얻고 싶다면, 절차를 자세히 숙지할 것.
나라마다 다르겠지만 영주권까지 얻기 힘든 규칙도 있다. 예시로 몇 년이나 대학 다니다 졸업을 했는데 대학 시절 중간에 휴학해서 영주권 못 받고 한국으로 돌아가게 된 케이스. 그러니 법적 규제와 절차를 잘 알아볼 것.

영어에 자신이 없어도 노력할 각오만 있으면 도전해 볼 것.
대학 다니면 영어를 거의 못하는 수준의 유학생들도 종종 있다. 노력할 준비만 되어있으면 일단 도전해보는 것을 추천한다.

유학을 결정한 나라의 문화를 가능하면 미리 숙지할 것.
나라마다 문화가 다르고 본인에게 맞는 문화가 있는 나라로 유학 가는 게 적응하는 데 더 편할 것이다.

걱정하지 말고 일단 즐겨라.
유학을 와서 큰 성공을 하지 못하고 돌아가게 된다 해도 인생에 있어 좋은 경험이 되어줄 것이다. 추후 취직 인터뷰할 때 얘기할 좋은 경험담이 되어줄 수도 있고. 그러니 일단 이 과정을 즐기자.

윤*성

힘든 현실에서 도망치고 떠나려고 가는 해외 생활/유학이 아니라 내가 꿈꾸던 것들을 이루고 세상을 보는 시야를 넓히겠다는 마음으로 떠나야 행복하다. 파라다이스를 꿈꾸고 가지만 막상 나가서 맞닥뜨리는 생활은 지옥일 수 있다. 명확한 인생에 대한 설계와 꺾이지 않는 마음을 지니고 비행기 타시길….

남*주

본인이 유학 또는 해외 생활을 결심하여 행동으로 옮길 준비를 하고 있다면 이미 한 스텝 앞으로 나아가신 겁니다. 멋있습니다. 축하드려요. 맞고 틀린 건 없습니다. 본인의 결정이 최선이자 최고입니다. 조언이자 충고가 아닌 함께 고민하는 사람으로서 같이 이야기를 나누어보자면, 세 가지가 중요한 것 같아요.

첫 번째는 애티튜드, 두 번째는 중꺾마, 세 번째는 감사하는 마음입니다. 배우고자 하는 애티튜드, 수용하고자 하는 애티튜드 그리고 나 자신과 상대방을 대하는 애티튜드 모두 중요하다고 생각합니다. 두 번째로는 중꺾마, 포기하지 말고 앞으로 계속 나아가세요. 마지막으로는 감사하는 마음이 가장 중요하다고 생각합니다. 부모님의 도움을 받았다면 감사한 마음을 절대 잊지 마세요. 본인의 힘으로 해외에 나갈 수 있게 되었다면, 나 자신에게 그리고 그 환경에 나아갈 수 있게 된 기회에 감사한 마음을 가지시길 바랍니다. 성공을 위해서는 목표를 세우고 행동을 하면 됩니다. 저도 그 길 위에 있는 사람으로서 같이 고민하고 또 응원합니다. 파이팅.

현*애

제일 중요한 첫 번째는 그 나라의 언어를 열심히 배워둘 것. 유학하고 싶은 나라, 도시, 전공하고 싶은 과와 학교에 대해서 미리 가능한 한 많은 정보와 커리큘럼을 찾아서 알아둘 것. 그럼에도 불구하고 현지에서는 실제로 상상해 왔던 것과는 많이 다를 수 있으니 기대한 것과 다른 환경과 수업 분위기에 휘둘려 좌절하지 않을 것. 다른 사람에게 도움을 받으려고 하기보다, 문제가 닥칠 때마다 시간이 걸리더라도 스스로 해답을 찾아갈 수 있는 인내와 힘을 가질 것. 학교는 교수님을 통해서 전공지식을 배우는 곳이나, 온전히 그분들의 지혜에 기댈 수 없고, 나만의 공부법을 찾아야만 한다. 배움의 과정에 있어서 이해할 수 없는 마찰과 힘든 고난이 있을 때에도 기꺼이 감당할 수 있는 열정과 책임감이 필요한데, 이곳이 스스로에게 맞지 않다는 냉정한 판단이 생긴다면 다른 학교나 진로를 바꿀 빠른 판단력 또한 필요하다.

강*안

독자 여러분께서는 이 책을 통해 유학에 대한 생각을 잘 정리하시어, 원하는 바 모두 이루시길 희망합니다.

유학 생활은 개인에게도, 가족에게도 큰 투자라는 것을 잊지 않으시면 좋겠습니다. 비용적인 부분뿐만 아니라, 여러분은 해당 시기 한국에서 당연하게 누렸던 편의(언어, 친구 혹은 가족과 보내는 시간, 의식주 등)를 대가로 가는 것입니다. 유학이란 투자에 대해 기대하는 가장 기본적인 return은 언어일 것입니다. 다만 언어 하나로 만족하기엔 유학 생활은 들여야 할 cost가 상당합니다. 모국의 안전망을 벗어나 외국인 신분이 되는 순간 여러분은 다양한 감정에 직면하게 될 것입니다. 이방인으로서 겪는 외로움, 막막함, 억울함 등 cost를 상회할 수 있는 return을 생각해 보시면 좋겠습니다. 이 return이란 해외 취업이나, 대학원 같은 커리어 기회가 될 수도, 혹은 인생 전반에 무언가 극복해냈다는 자신감 혹은 새로운 자극과 같은 정서적인 요소가 될 수도 있습니다. 무엇이 되었든 유학은 목적이 아닌 수단임을 인지하시면 좋겠습니다.

그리고 자의든 타의든 유학의 기회를 얻었을 때는 나를 위해 노력해 준 가족에 대한 감사함 또한 떠올려보면 좋을 것 같습니다. 다시 한번 독자 여러분의 앞날을 응원하겠습니다.

박*현

유학을 무난하게 잘 마치고 돌아온 사람으로서 가장 강조하고 싶은 한 가지는 "구체적인 목표 설정하기"입니다.

저는 중학교 2학년 때 처음 외국을 나가서 대학을 졸업할 때까지 무슨 일을 해야 하는지/하고 싶은지 명확하지 않았습니다. 기숙사에 살아서 상대적으로 부모님과 대화를 할 수 있는 시간이 많지 않았고, 다른 언어로 학교 수업을 따라가다 보니 미래에 대해 깊게 생각할 시간도 부족했습니다. 그렇게 목표가 없는 채로 어영부영 시간을 보냈고 어느새 취업 시기가 다가왔지만, 남은 건 어중간한 언어능력과 낮아진 자존감이었습니다.

이대로는 정말 안 되겠다 싶어 그때부터 제대로 된 고민을 하기 시작했습니다. 목표가 없었던 만큼 준비된 것도 없었지만, 그래도 이전보다 구체적인 계획이 있었기 때문에 첫 직장에서 내가 잘하면서 지속하고 싶은 일을 찾을 수 있었습니다.

그와 동시에 미래에 대한 더 구체적인 목표도 세우게 되었습니다. 같은 산업에 종사하시는 분께 많이 여쭤보기도 하고 어떻게 하면 더 발전할 수 있을까, 저 혼자 끊임없이 생각하고 노력하다 보니 주변에서 저를 알아주시고 좋은 기회도 자연스레 찾아왔습니다.

물론, 당장 하고 싶은 것이 없어서 계획을 세우기 어려울 수 있습니다. 그렇다면 유학을 통해 배운 언어와 경험을 토대로 새롭게 도전하며 주위에 언제든 도움을 요청하세요. 눈을 반짝이며 자신에게 조언을 구하고 미래의 목표를 세우는 데 도움을 받고 싶어 하는 사람을 보면 어느 누구라도 마다할 수 없을 겁니다.

강*지

저는 중고등학교와 대학 과정을 포함하여 약 10년 동안 유학했습니다. 유학을 떠나는 시점과 계기는 다양하지만 제가 유학 생활을 시작한 시점인 중고등학교 친구들에게 조언을 드리자면, 외국에서 모국어가 아닌 외국어로 학업에 열중하다 보면 학업을 따라가기가 버거워 자신의 미래에 대해 구체적인 생각과 방향을 잡기 어려울 수 있어요. 물론 취업을 할 때, 대학교 전공과 무관한 일을 하는 경우가 많다고는 하지만, 학업에 열중하면서 동시에 이후 사회의 한 구성원으로서 어떤 일을 하고 싶은지 끊임없이 스스로에게 질문하는 과정이 필요합니다. 특히 해외에 취업을 희망한다면 다양한 준비를 해야 하는데요. 전문가 혹은 멘토에게 조언을 구하고 관련 업종에서 인턴 기회를 쌓는 것이 도움이 됩니다. 또한, 사람 일은 모르니 국내로 복귀할 수도 있다는 가능성을 열어두고 준비하시는 걸 추천드려요.

더 나아가 해외 생활을 하다 보면 나이를 불문하고 외로움과 고독을 느낄 수 있어요. 저는 내향적인 사람이어서 유학 생활 처음엔 어려움이 많았어요. 제가 이겨낸 몇 가지 방법을 공유드리면 혼자의 시간을 보내더라도 집이나 기숙사가 아닌 그 나라 관광지 등 다양한 곳을 다니는 것을 추천드려요. 그리고 유학 도중에 겪는 외로움은 나 자신뿐만 아니라 많은 해외 유학생들이 적어도 한 번쯤은 꼭 겪는 과정이라는 것을 이해하는 것도 도움이 되어요. 실제로 유튜브에 유학생 외로움에 관한 수많은 영상들을 통해 다른 이들의 이야기를 공감하는 것도 도움이 될 수 있고요.

마지막으로 저는 중고등학교 과정을 모두 유학하며 그동안 나름대로 유학 생활에 대해 큰 어려움이 없다고 자신했습니다. 하지만, 중고등학교를 지낸 나라가 아닌 제2의 외국으로 대학교를 진학하게 되면서 광둥어라는 새로운 언어 장벽이 큰 어려움으로 다가왔습니다. 특히 유학을 준비하고 있으시다면 필수적으로 영어뿐만 아니라 해당 국가의 언어를 미리 숙지하는 시간과 노력이 필요합니다. 해당 국가에서 하나의 언어가 아닌 많은 방언이 존재할 수 있다는 점도 인지한다면 도움이 될 거예요.

박*홍

반평생을 유학하며 대학까지 마무리하였을 때, 저는 제 유학 생활이 절대 후회되지 않았습니다. 어려서부터 가족과 떨어져 지내며 독립심을 길렀다 생각했고, 학교 울타리 안이었지만 작은 사회경험들이 쌓이면서 지금 제 모습이 완성되었다고 생각하니까요. 결코 쉽지 않았고, 정말 많은 어려움과 응급상황에 처하기도 했었지만 스스로 헤쳐나갈 수 있는 능력을 길러왔습니다.

유학에 대해 직접 고민해 볼 수 있는 나이에 유학을 시작한 것은 아니었습니다. 선택권을 주셨던 부모님의 권유로 한국을 떠나게 되었습니다. 당시에 중국이라는 나라는 가깝지만 너무나 생소한 나라였고 어떠한 목표를 가지고 유학길에 오른 것도 아니었기 때문에 지금 돌이켜 보면 어린 나이에 결정을 내리게 된 데에는 "어린 마음"이 작용했을 겁니다. 한국에서 학생들은 주관적으로도, 객관적으로도 고통스럽습니다. 모두가 그런 것은 아니지만 많은 수가 어려서는 한글을 채 배우기도 전에 알파벳을 눈에 들이고, 끊임없이 옆 친구, 옆집 아이와 경쟁하고 비교당하기 일쑤입니다. 중학교, 고등학교에선 그 경쟁이 심화되고 수없이 순위에 목매는 생활이 반복됩니다. 문화적으로도 교육 시스템적으로도 그렇게 되는 경우가 너무 많죠. 저는 중학교에 가기도 전에 이미 지쳐 있었던 것일지도 모르겠습니다. 다만 "어린 마음에" 매일 매일 학원에 다니며 힘들었던 저는 '유학을 떠나면 이렇게 살고 이렇게 공부하지 않아도 되지 않을까' 기대하는 마음이 있었습니다.

제가 느꼈던 감정에 공감하는 학생들이 지금도 정말 많을 겁니다. 또한, 그렇게 느끼는 여러분을 지켜보는 부모님 마음 또한 편치 않으실 수 있습니다. 그래서 유학이라는 선택을 고려하고 계실 수도 있고요.(모릅니다.) 그러면 아마 전해 듣는 이야기나 검색해서 찾아본 정보들이 머릿속에 떠돌 수도 있겠네요. 하지만 제가 반드시 강조하고 싶은 부분은 유학이라는 것이 탈출구나 도피처가 되지 않는다는 것입니다.

유학의 성공 사례는 정말 많습니다. 하지만 실패 사례는 그보다 훨씬 많습니다. 직접 가서 보지 않으면 모를 수밖에 없는 많은 변수들이 있으니까요. 물론 성급히 결정을 내리는 분들은 없으시겠지만, 유학을 고려하고 있다면 또는 준비하고 있다면 어떤 부분들이 실패를 야기하는지 꼭 살펴보세요. 가고자 하는 국가의 환경, 분위기, 학교의 시스템, 학생을 관리해주는 관리자나 선생님들부터 생활, 음식, 의료 등 세세한 부분들도 주의 깊게 확인해 보세요. 하나하나가 발목을 잡을 수도 있고 사고가 될 수도 있습니다.

유학은 나이가 어리면 어릴수록 학습에 있어서는 더욱 효과적이라고 생각합니다. 당연히 고등학교 이상이라고 해서 문제되는 것은 아닙니다. 하지만 한국식 교육과정에 이미 익숙해져 있는 상태에서는 해외과정에 익숙해지는 과정이 너무나 힘들 겁니다. 언어적으로도, 문화적으로도 적응하기 어렵고 특히 교육과정과 입시 방법에 큰 어색함을 느낄 수밖에 없어요. 그래서 많은 분들이 중요하게 말씀해주시는 유학의 목표를 꼭 분명하게 가지는 것이 필요합니다. 일반적으로는 언어가 가장 큰 목표가 되죠. 해외에서 경험할 수 있는 것은 한국에서도 얼마든지 경험할 수 있는 시대가 되었으니까요. 하지만 유학 중에 그 언어를 가장 잘 습득할 수 있는 건 어려서부터 그 언어를 사용하며 그 언어권, 문화권의 사람들과 부대끼며 자라는 것입니다. 짧은 기간 안에 빠르게 배우는 사람들 분명히 있어요. 하지만 모두가 그럴 수 있지는 않을 겁니다.

그 나라의 언어를 온전히 습득하려면 결국 그 문화권에 스스로를 담그는 수밖에 없다고 생각합니다. 같은 음식을 먹고, 같은 문화를 즐겨보면서 받아들이는 것이 좋으니까요. 그런데 이건 언어 그 자체의 학습입니다. 본인이 언어를 배우는 이유에 따라 달라질 수 있습니다. 일상생활 언어를 잘 한다고 해서 비즈니스 언어를 잘 구사할 수 있는 것은 아니니까요. 이 부분도 학교나 교육 방식을 선택하는 데 있어서 고려해 볼만한 요소라고 생각합니다.

현지의 구체적인 상황 역시 잘 봐야 합니다. 어리면 어릴수록 더 중요한 부분이라고 생각되는데, 음식, 위생에 관한 부분들과 의료 시스템에 관한 부분, 그리고 응급 상황 시 어떻게 도움을 받을 수 있는지 미리 확인해야 합니다. 한국의 경우 미성년자의 유학은 반드시 현지에 보호자가 필요합니다. 보호자가 있다고 알고 있었으나 학생들을 관리하는 사람이 아무도 없어서 그 학생들에 문제가 생겼을 때도 부모님들이 모르고 계시던 경우가 있기도 합니다. 그만큼 학생이 어리다면 더더욱 중요한 부분이고, 학생의 "엇나감"을 막아줄 필수적인 존재입니다.

마지막으로 공부에 대한 것은 한국이나 해외나 결국 학생 본인에게 달려있습니다. 아직 미성년 학생이라면 가고자 하는 나라의 언어를 반드시 미리 준비하는 것이 필요하겠네요. 현지 언어와 더불어 영어는 최소 어느 정도 대화가 가능한 수준이 필요할 겁니다. 유학 중에 배우며 자연스럽게 익혀지는 것도 사실이지만 새로운 언어에 대한 적응 기간과 원활해지는 기간이 짧지는 않을 테니까요.(그래서 어린 나이가 유리하다는 의견입니다.) 저의 유학 생활을 예로 들자면, 중국인 친구들과 완전히 원활하게 소통하는 데까지 1년 반에서 2년, 중국어로 글을 쓰고 읽는 것이 편해질 때까지 3년이 걸렸습니다. 저보다 뛰어난 친구들은 더 빠른 기간 안에 감을 잡기도 했습니다. 하지만 제가 스스로 느끼기에 일반적인 기간은 그러합니다. 그런 언어 학습에 필요한 기간을 감안하고, 대학 입시도 바라보고 있는 상황이라면 학과 공부도 현지 언어, 국제학교의 경우 영어로 진행할 테니 스스로 동급생들보다 더 노력해야 하는 상황이 있습니다. 한국에서처럼 힘든 경쟁의 공부가 아닐지라도, 난도가 절대 낮지는 않습니다. 그렇지만 한국보다 무조건 어렵다고도 생각하지 않아요. 오히려 학교 분위기나 교육시스템이 해외 시스템들과 더 잘 맞는 사람들이 분명히 있거든요.

저는 유학을 많이 추천합니다. 너무도 긍정적인 경험을 가졌고 결과도 좋아서 유학을 고민하는 사람들에게 후회 없이 추천합니다. 하지만 꼭 구체적인 계획을 세우라고 전해줍니다. 안전 대비책과 목표 의식을 꼭 가지라고 말해줍니다. 유학길에서의 "실패"는 한국보다 더 가혹할지도 모르거든요.

김*림

해외에서 생활하게 되면 시야가 넓어진다. 그러한 시야는 두 가지 관점을 초래하는데, 긍정적으로는 세상은 넓다는 생각을, 부정적으로는 내가 초라하다는 위축감을 가져다줄 수도 있다. 그렇기에 견문이 넓어진다는 것이 개인에게 무조건적으로 좋은 영향을 줄 수 있는 것은 아니라고 생각한다. 어디에 있든 무엇을 하든 내가 어떻게 생각해 나가느냐에 달려있다. 다만 이왕 태어난 거, 유학을 계기로 더 넓은 세상에서 긍정적으로 생각하는 법을 배워본다면 어떨까?

김*훈

동물의 왕국이다. 모든 면에서.

무기명

유학 생활은 무지개 빛깔만 있는 것이 아니란 말씀을 드리고 싶습니다. 만일 영어 공부를 하고 싶은 것이면 유학 비용으로 고액 과외를 하고, 타 국가 타 도시 경험하고 싶으면 그 돈으로 세계 여행을 다닐 수도 있습니다. 정말 그 나라에서 살거나 무언가 분명한 목표가 있는 것이 아니라면 유학 시도를 하지 않는 것도 방법입니다. 그럼에도 불구하고 유학을 가야만 하는 이유가 있을 때 유학 준비를 시작하시길 권해 드리고 싶습니다.

권*준

영어 또한 언어이기 때문에 너무 잘하려고 부담 갖지 말고 우선 말부터 해보세요! 저는 노래 듣는 것을 좋아해서 유학준비하는 기간에는 한국노래 대신 팝송을 듣고, 노래 가사 해석으로 영어에 마음 붙이는 연습을 했습니다. 노래뿐만 아니라 로맨스 영화를 좋아하는데, 로맨스 영화가 비교적 문장도 쉽고 말하는 속도도 빠르지 않아서 쉴 땐 로맨스 영화를 보며 영어에 익숙해지려고 노력했어요. 외국인이 한국말 할 때 어눌해도 다 이해해 주고 알아들을 수 있는 것처럼, 우리도 똑같은 입장이기에 겁먹지 말고 파이팅!!

엄*민

가장 먼저 제가 말씀드리고 싶은 것은, 본인 스스로를 잃지 않는 것이 가장 중요하다는 거예요. 유학 생활을 하다 보면 음식, 언어, 인종, 문화 등 모든 환경이 변할 거예요. 그러한 과정 속 스스로의 고유한 속성과 본질을 버리고 타지의 낯선 환경에 본인을 억지로 맞추려고만 한다면 금방 지치고 스트레스를 많이 받게 돼요. 그러니 너무 조급해하지 말고 나 자신을 인정하고 아끼며 케어하는 것이 필요해요. 잘 맞지 않는 부분에 나를 억지로 무리하게 꿰맞추려고 하지 마세요. 항상 열린 마음으로 조금씩 자신과 타지 환경의 화합을 이뤄낸다면 자연스럽게 편해질 거예요.

제가 또 드리고 싶은 말은 한국인으로서 항상 자부심을 가졌으면 좋겠다는 것. 다른 언어와 낯선 문화는 우리를 위축되게 만들고 불안감을 줄 수 있어요. 그럴 때마다 나의 뒤에는 언제든 돌아갈 수 있는 한국이 기다리고 있다고 생각하면 든든하고 힘이 날 거예요. 유학이란 정말 외롭고 긴 여정이에요. 항상 긍정적인 마음가짐으로 도전하신다면 성공적으로 유학 생활을 마치실 수 있으실 겁니다.

김*희

유학을 준비하는 친구들에게! 제가 처음 미국 유학을 결정한 건 중학교 1학년 여름방학 때에요. 지금 생각해 보면 참 어린 나이였는데 오기 전 영어, 수학, 피아노 등등 여름방학 내내 하루도 빠짐없이 유학 준비 아닌 준비로 하루하루 바쁘게 보냈어요. 지금 생각해 보면 그 공부가 좋은 도움이 되었지 모르겠지만, 유학 시작 전 가장 기억에 남는 건 가족들과 함께 만든 추억들이에요. 유학을 오게 되면 아무래도 일찍이 독립하는 것과 다름없어서, 조금이라도 시간 날 때 가족이랑 시간을 보내며 좋은 추억 만들었던 게 지금 돌아보면 가장 잘한 것 그리고 제일 행복한 기억으로 남아요.

공부 쪽으로는, 미국 사립 중고등학교 college prep high school을 준비하고 있다면, SSAT 단어들 틈틈이 외우는 걸 추천합니다. 대학을 준비하고 있다면, 틈날 때마다 TOEFL, SAT 단어 외우는 습관을 들이는 게 좋다고 생각해요.

해외 학교에서 친구들을 사귀기 가장 좋은 방법이라면 교내 스포츠 팀에 들어가는 것. 테니스, 수영, 축구, 소프트볼, 트랙&필드, 라크로스, 조정 등이 있어 기회가 있다면 한국에서 배워가는 것도 추천해요. 이런 extracurricular activity 들은 대학 지원할 때도 큰 도움이 되기 때문에 적극적으로 참여하는 게 중요해요. 또한, 학교 내에 교내 choir이나 band 등 노래, 악기 하나씩 할 줄 아는 게 있냐면 꼭 들고 가서 조인하는 것을 추천해요.

유학을 처음 시작할 땐 말도 안 통하고 다 모든 게 새로워서 주눅 들 수도 있기 마련인데, 자신감 꼭 잃지 말고 씩씩하게 학업 생활 하다 보면 좋은 친구들이 주변에 많이 생길 거에요.

박*수

유학을 준비하는 분들께 또 고민하는 분들께 제가 드리고 싶은 이야긴 크게 세 가지입니다.

1. 유학을 가서 결과로 얻고 싶은 게 무엇인지 생각하고 가기.

처음 해외를 나간다면 3~6개월이라는 시간은 주변을 살피며 적응하는 데 시간을 보내고, 또 어떻게 해야 할지 모르니 남들 하는 것 보고 쫓아가기 바쁜 경우를 종종 볼 수 있어요. 해외까지 나갔는데 내가 주체가 아닌 삶을 살게 된다는 것은 너무 큰 아쉬움이고, 종국엔 유학의 방향성도 잃고, 만족할 만한 결과를 얻지 못하게 되는 것 같아요. 해외 커리큘럼의 큰 장점은 내가 주체가 되는 삶을 살 수 있게 생각하는 방식과 습관을 훈련하는 것이라고 생각합니다. 그래서 목표를 뚜렷하게 세우고 그것을 끊임없이 상기시킬 필요가 있어요.

2. 목표하는 바가 꼭 유학을 가야 얻을 수 있는 것인지 생각하기.

유학은 큰 투자이기 때문에 투자 측면에서, 앞으로 졸업 후 가고자 하는 방향이 한국에서 충분히 이룰 수 있는 것이라면 유학을 꼭 갈 필요가 있나 고민하는 게 중요한 것 같아요. 저도 고2 때만 해도 미국 갈 준비를 하고 있었는데, 이러한 고민 끝에 서울로 대학 진학을 했답니다.

3. 운동과 다양한 교외활동

적어도 운동 1가지를 생활화할 것. 가능하다면 악기를 연주하고, 자기가 직접 lead하는 교외활동 클럽이나 이벤트를 만드는 것도 추천드려요. 인생은 스토리텔링.

서*하

1. 결심이 섰으면 하루라도 빨리 가기
2. 한국 인맥 잘 유지하기(아무나 억지로 붙잡는 게 아니라 소중한 사람과 연락 잘 유지하기)
3. 해외라고 한국인 무조건 믿지 말기(특히 금전 관련)
4. 시간 날 때마다 가까운 곳 어디든 다녀오기(여행이 아니더라도 잠시 놀러라도)
5. 사진 많이 찍어두고 짧게라도 일기, 메모 등 기록하는 습관들이기

파*라

유학을 준비하는 단계에 있어서 가능한 다양한 옵션을 조사하고 각기 다른 선택지의 cost and benefit을 철저하게 비교 분석해 보시기 바랍니다. 유학 시작 후에는 새로운 환경과 문화에 열린 마음으로 적응해 나가는 힘을 키워보시라고 말씀드리고 싶어요. 무엇보다 중요한 것은 이 모든 과정 속 홀로 유학길을 떠난 우리는 그만큼 우리가 내리는 결정의 무게와 중요성에 대해 깨어있어야 합니다. 유학은 소중한 경험과 추억을 선사하는 흥미로운 기회인 만큼 이 경험을 십분 만끽하시길 바랍니다.

이*림

도전하고 싶거나 새로운 환경이 필요하거나 더 큰물에서 플레이어들을 만나고 싶으면 해외 경험은 필수이며 저절로 견문이 넓어지니 지금 당장 떠나라. 고민할 이 시간에 떠나라.

김*우

사는 거 참으로 쉽지 않다. 유학 중 생각보다 많은 사람을 만나게 될 텐데 내가 잘되려면 내 주위는 나보다 훨씬 좋은 사람들이 가득해야 한다. 나 자신의 가치는 사업적이든, 개인적이든, 나와 함께 시간을 가장 많이 보내는 사람의 평균이기에 항상 나보다 잘난 놈들과 함께해야 한다. 그 잘남 놈들은 내가 노력해서 찾고 또 찾아내야 한다. 내 첫인상은 바꾸기 힘들지만, 다른 사람이 나를 보는 시선은 내가 바꿀 수 있다. 그러니 내가 바라보는 나에 대한 시각을, 상대도 갖게 가이드해 줘야 한다. 기억하자 사람이 전부다.

김*유

1. 일상생활: 집에만 있지 말고, 학교활동, 방과 후 활동, 야외 운동 같은 액티비티 두려워하지 않기(힘들어도 외국인이랑 친교 필수)
2. 대학을 준비 중이라면 한국에서 토플 영어 점수 준비하고, 보고 오기(해외에서 ESL 들으면서 토플 점수 쌓이는 것보다 한국에서 준비하고 시험 보고 오는 게 더 수월할 것 같다)
3. 굳이 먹을 거 바리바리 안 싸 와도 된다.(은근히 구할 수 있는 물품, 음식 한국이랑 비슷하다!)
4. 1,000만 원 모으기/준비하고 오기(차 구입용, 나중에 한국 갈 때 차 파는 건 수월하다)
5. 대학교마다 건강보험 필수(for 유학생) 한국에서 건강보험 준비하고 오기 (학교에서 요구하는 건강보험 coverage 체크 필수)
6. 해외 학교 교내 활동/알바 추천!

한*우

유학은 초반에 적응하기까지 굉장히 외로운 싸움이기 때문에 교류를 많이 하거나 자립심이 강해야 한다. 해외 산다고 영어 알아서 늘지 않는다. 올 거면 준비해서 오자. 목표를 가지고 오자. 막상 오면 그냥 놀고 싶다.

본인이 부자가 아니면 요리 좀 하자. 맨날 배달시키고 돈 없다 하지 말고.

주*정

언어는 많이 해두면 해둘수록 좋다. 해외에 나가서 가장 큰 장벽이 되기 때문에 시간이 되는 한 많이 공부해 두는 걸 추천한다. 여기에 더해서 그 나라 문화 공부도 해두면 친구 사귀기 편해진다. 문화라고 하면 역사나 예절뿐만이 아니라 현재 유행하는 트렌드나 또래들이 자주 보는 방송, 자주 듣는 노래가 무엇인지를 파악하는 것. 이러한 노력은 언어 공부에도 도움되고 교우관계를 형성하는 데에 가장 좋은 훈련이 되어줄 것이다.

이*혜

너무 수줍어하지 마라. 외국 문화는 다른 사람들에게 더 다가가고 outgoing 할수록 주어지는 기회가 많기 때문에 쟁취 해야 할 때는 겸손해하려 하지 말고 go get it 해야 한다.

신*훈

일단 새로운 나라에 간다는 건 첫 1~2달 동안은 새로운 문화와 체계에 적응해야 하기에 엄청 힘들 것이다. 한국에서 당연하다고 생각된 부분들도 다른 문화권으로 가면 달라지니 가서 어떤 일을 할건지 좀 더 구체적으로 계획하고, 행정적으로 필요한 부분이나 서류들 꼼꼼히 준비하는 것은 필수. 여유가 되어 유학이든 이민이든 유학원을 통해 가는 게 아니라면, 다양한 방법으로 꼼꼼히 찾아보고 가길.

3줄로 요약하자면, 어딜 가나 사람 사는 법은 비슷합니다. 새로운 나라로 향하는 것이 특별함 또는 자신이 정말 원하던 꿈에 다가가는 한 걸음이라면 그만큼 좋은 일이 없지요. 하지만 생각과 계획 없이 한국만 아니면 된다는 생각으로 시작한다면, 일정 시간이 흐른 후 무료함은 한국 것과 다를 것 없어질 것입니다. 그러니 좀 더 구체적으로 삶에 대해 고민하고, 결정하고, 실행하길 바랍니다.

진*

공부, 외국어를 배우는 것은 기본이지만 유학의 큰 장점 중 하나인 해외여행이 국내 여행이 되는 그 짜릿함을 기회가 있을 때 만끽하시기를 바라요. 휴일에는 일정을 짜서 꼭 여행 다녀오기!

백*인

유학에 꼭 구체적인 이유와 목적이 필요하지만은 않다고 생각합니다. 다만 유학이 모든 것을 해결하리라 생각하는 것도 금물. 마음 가는 대로 부딪쳐 보고 많은 경험을 쌓아가세요. 그 과정에서 스스로에게 내가 살아가고자 하는 인생에 대하여 계속 질문을 하고 방향을 찾아가는 것이 중요하다고 생각합니다.

주*희

유학 생활 중 힘들고 지칠 때 본인이 얼마나 강하고 가능성 있는 사람인지 생각하는 시간을 꼭 가졌으면 좋겠어요. 자신이 생각보다 강한 사람이라는 사실을 잊지 않으면 어떤 역경도 극복할 수 있을 거예요.

정*용

상어가 있어야 할 곳은 작은 수족관이 아닌 바다입니다. 양육을 목적으로 어릴 때 작은 수족관에서 자라고 있다 한들 계속 그곳에만 가둬둔다면 상어의 잠재력은 그 크기에 제한되게 됩니다. 반대로 같은 상어가 어려서부터 바다에서 자라면 우리 무의식 속에 존재하는 큰 상어로 성장을 하게 되죠. 이처럼 유학을 고민하는 여러분께 해주고 싶은 말은 본인을 작은 수족관 안에 통제하지 마시고 바다로 나가서 더 큰 사람이 되시길 바란다는 것. Just do it!

김*윤

한국에서 중고등학교를 나오고 유학을 간 입장으로써 제일 크게 느낀 부분은 사고방식이나 세상을 보는 시야가 이전에 비해 많이 넓어졌다는 것을 느낍니다. 단순 다양한 사람을 만나서 경험을 하는 것을 넘어서 이때까지 살아온 환경과 완전히 다른 곳에서 살게 되다 보니 책임감과 독립심이 생겨 내 발전에 대해 계속 진지하게 생각하게 되는 시발점이 되었습니다. 이 부분은 내가 하고 싶은 것에 대해서 주변보다는 나에게 온전히 더 초점을 맞출 수 있는 계기가 되기도 했고요. 그리고 단순 한국에서 공부한다는 것보다 다른 언어도 피부로 직접 느끼며 배우는 것과 함께 글로벌한 네트워킹을 보다 쉽게 쌓을 수 있다는 점에서 유학 경험에 내 시간을 투자하는 것을 완전 추천합니다!!!!(TMI 저는 유학 중 네트워킹뿐만 아니라 인생 친구들도 만남.)

김*

유학을 준비하는 학생들에게 제 경험에서 배운 두 가지 인사이트를 공유해 주고 싶어요.

1. 열린 마음으로 임하세요.

뒤돌아보니 제가 외국 생활 중 배운 많은 것들이 공부하는 학급 환경이 아닌 같은 반 친구들과의 인간관계에서 왔더라고요. 그들과의 우정 또 저에게 주어진 기회에 주저 없이 "예스"라고 말하는 태도가 낯선 곳에서 저를 comfort zone 밖으로 끌어내 주는 데에 큰 도움이 되었습니다.

2. 내가 집중하고 싶은 분야가 무엇인지 유학 초기 단계에 파악하세요.

학창 시절이란 시간은 유한합니다. 에너지와 시간은 제한되어있다는 뜻이죠. 저 또한 유학을 처음 시작할 땐 수업과 교외 활동이라는 두 마리 토끼 모두 잡고 싶었어요. 하지만 일찍부터 내가 원하는 것이 무언인지 파악하여 그 분야 집중하고 기반을 다졌던 것이 제 전공에 대해 많은 것을 배우는 데에, 또 지금의 저를 다져주는 데에 큰 도움이 되었습니다.

최*우

Surround yourself with people who have similar vision with you. 경험하는 모든 것들이 어떤 면에서라도 밑거름이 되고 도움이 될 수 있으니 나의 능력치 안에서 최대한 고민하고 해결해 보길.

감정적으로는 유학 중 외롭고 홀로 남겨진 것 같을 때가 종종 찾아올 텐데 이럴 땐 혼자 끙끙 앓지 말고 가장 소중한 사람들에게 표현하자. 물론 기쁠 때 또한 소중한 사람들에게 공유하고 유학이라는 기회를 얻었음에 감사함을 느끼자. 유학 생활은 좋은 시기만 있는 게 아니다. 쓸쓸하고 서러울 때가 많겠지만, 절대 혼자가 아니라는 것을 잊지 말고 끊임없이 전진해라!

제 옆의 친구가 한 마디 첨언하네요.
대학생인가? 그렇다면 공부'만' 하지 말고 그곳에서 하고 싶은 것들을 마음껏 누려보자!

최*윤

- 유학 끝난 후에도 외국 친구들과 꾸준히 연락하기
- 한국 돌아왔을 때 스타일이 너무 달라져 이질감 느껴지지 않도록 한국 친구들과도 꾸준히 연락하기
- 주니어들을 위한 프로그램(리더십, 인턴십 프로그램 등)에 지원하기
- 학교 수업에만 몰두하지 말고 스피킹 라이팅 연습/레슨 받기
- 방과 후 활동을 통해 해당 나라에서 유명한 스포츠 즐기기
- 방학 기간 동안 한국에 와서 한국 네트워킹을 할지, 해외에서 인턴십을 할지 등 방향성을 가지고 방학 시간 활용하기

심*인

새로운 도전을 앞두고 걱정하는 마음보단 그 노선을 어떻게 자신의 터닝 포인트로 삼을지 기대하는 마음과 함께라면 무엇이든 이겨낼 수 있을 겁니다.

김*경

유학이라는 여정 속 힘든 순간들도 있겠지만, 행복한 날이 더 많을 거라고 믿어 의심치 않습니다! 주변에 수많은 사람이 그 여정을 함께하고 있다는 것을 잊지 말고, 먼 훗날 돌이켜 봤을 때 소중하고 예쁜 기억이 가득한 시간이 될 수 있기를 바랍니다.

서*하

유학이라는 게 새로운 환경, 문화, 사람들을 접하는 시작점이고 '새로운' 시작이니 '새로움'이 주는 긍정적 힘으로 품고 있는 목표를 향해 도약하시길 바라요. 또한, 그 '새로움'이 줬던 설렘, 다짐, 감사함과 같은 세밀한 감정을 언제나 잊지 말았으면 해요.

무기명

저는 제가 어렸을 때부터 유학해서 그런지 어린 시절은 부모님과 시간을 보내는 게 더 좋다고 생각합니다. 하지만 언어 습득, 생각하는 방향, 가치관 형성 등 제 인생 속 유학이란 경험이 긍정적인 영향을 가져다준 건 분명하죠. 다양한 문화에서 자란 사람들과 교류할 기회가 많기에 타인을 바라볼 때 편견 없이 바라볼 수 있는 점. 대학교에서는 세계 각국에서 모인 능력 있는 친구들을 보고 "세상엔 정말 나보다 뛰어난 사람들이 많구나"라는 겸손함도 배울 수 있었어요. 또한, 유학하며 어렸을 때부터 부모님 곁을 떠나 혼자 지내다 보니 인연의 소중함, 가족의 소중함을 많이 느꼈어요. 그래서 순간순간 나의 사람들과 같이할 수 있는 시간이 얼마나 소중한지를 더욱 빨리 깨닫게 되었고요. 아무래도 부족함을 느껴봐야 그것이 채워졌을 때의 소중함과 감사함을 느낄 수 있게 되는 것 같아요. 이러한 저의 경험들 때문에 저처럼 여러분들 또한 유학을 다녀오면 인간적으로 조금 더 성숙한 자신을 발견하실 수 있을 거라고 생각합니다. 다들 신중히 고민하시고 좋은 결정 하시길 바랍니다.

이*진

최대한 오픈마인드로 그 나라의 문화 역사를 많이 경험하고, 친구들을 다양하게 만나보세요. 중고등학생이면 대부분 부모님의 지원이 필요할 거라 부모님 의견이 크게 반영되겠지만, 대학생의 경우 여행, 인턴과 같은 활동도 가능하니 현지 제공 프로그램들을 잘 알아보고 활용하는 것을 추천드려요. 그리고 실수를 두려워하지 말고 많은 질문을 던지고 설령 틀린다 해도 계속 도전하세요!

홍*아

유학은, 특히 나이가 어릴 때 떠나는 유학은 누군가가 떠밀어서가 아닌 정말 본인이 원하고 마음을 먹어야 성공할 수 있다고 생각해요. 언어, 환경 모든 것들이 익숙해지기 전 불편한 기간이 있기 때문에 긍정적인 마음으로 도전해야 원하는 결과를 얻을 수 있어요. 기간별로 목표를 세우고 하나씩 차근차근히 이뤄가기를 추천해요.

양*재

중고등학교 때 유학 생활을 경험하게 된다면, 학업도 중요하지만 다양한 외국인 친구와 많은 시간을 보내는 게 가장 우선순위인 것 같습니다. 어떤 언어이든 발음, 억양 이러한 것들은 어렸을 때 아니면 만들기 불가능에 가깝기 때문입니다. 외국인 친구들과 어울려 지내다 보면 자연스레, 그 나라의 새로운 문화를 경험해 볼 수 있습니다. 예를 들어, 저 같은 경우는 운동에 관심이 많아 한국에서 접하기 힘든 다양한 운동, 액티비티들을 경험해 봄으로써 한국 레저, 스포츠 인프라가 다른 나라에 비해 얼마나 뒤떨어지는지 알고 있습니다. 이처럼 다양한 체험을 함으로써 우물 안 개구리가 아닌 넓은 식견을 가질 수 있다고 생각합니다. 이는 음식, 액티비티, 놀이, 공부, 동아리, 여행 등 다방면에서 모두 가치 있는 경험이라고 생각합니다.

외국에서 거주하게 되면, 다양한 트렌드를 빠르게 접할 수 있어 다양한 비즈니스 기회들을 엿볼 수 있습니다. 저는 한국에서 네이트온이 유행할 때 누구보다 앞서서 페이스북 계정을 만들어 사용했으며, 유튜브에 친구들과 찍은 영상을 업로드하는 경험을 하였습니다. 중학교 1학년이라는 어린 나이에 적은 경험으로 비즈니스로 연결시키지 못하고 지나 매우 아쉽지만 이런 경험조차도 앞으로 다가올 비즈니스 기회들을 잡는 데 많은 도움이 되리라 믿습니다.

자신에게 다가올 다양한 기회와 값진 경험들, 한국에서는 엿보지 못하는 새로운 트렌드와 시장을 위해 항상 열린 마음으로 다양한 것들을 도전해 보고 경험해 보는 마음가짐이야말로 유학준비생들에게 가장 중요한 준비물인 것 같습니다. Keep in mind, work hard play hard.

이*진

해외에서 공부하는 그 기간이 가장 여유롭고 행복하고 소중한 시간임을 항상 알았으면 좋겠어요. 항상 공부도 열심히 하고 많은 경험이나 활동을 하려고 노력하면 돌아와서 그 시간이 더 가치 있게 남아있는 것 같아요. 그리고 한국인 친구들하고 놀면 소중한 인연을 많이 만들 수 있고 외국인 친구들하고 놀면 외국어 실력이 제대로 늘 수 있으니까 짧은 시간 동안 자기가 얻고자 하는 게 무엇인지 정확하게 정해두고! 항상 의식하며 생활하시길 바라요!

박*진

얼마 전 유튜브 쇼츠를 보는데 누군가 그러더군요. "여러분 막사세요." 학업을 핑계로 그곳에서만 할 수 있는 수많은 경험을 놓치지 않으셨으면 합니다. 여러분 막사세요! 마음껏 말하고 마음껏 다가가세요! 마음껏 공부하고 마음껏 노세요!

재*

우선 유학 & 해외 생활을 계획하고 계시다면 탁월한 선택이라고 말씀을 드리고 싶어요. 분명 고민도 많이 되고 쉽지 않은 결정이겠지만 유학을 경험한 저로서는 분명 여러분들의 삶에 크게 도움이 될 것 같아요. 하지만! 여러분들의 유학 & 해외 생활이 꽃길만 같지는 않을 거예요. 하이 리스크 앤 하이 리턴 아시죠? 그래서 짧게나마 제가 여러분들이 좋은 경험을 하시길 바라는 마음에서 제 경험에서 나온 팁을 드리고 싶어요.

첫 번째로는 노는 것도 일하는 것도 공부하는 것도 뭐든 항상 proactive 하게 하셨으면 좋겠어요. 유학길이란 낯선 곳, 낯선 사람들투성이인 곳에 나를 노출시키는 과정이겠지만 그렇다고 움츠러들지 않았으면 좋겠습니다. 거창한 도전이 부담스럽다면 집 앞에 있는 동네 피자집이나 카페라도 나가셔서 시간을 보내시는 걸 추천드려요. 여러분이 해외에 있는 순간은 유한한 타임라인을 가지고 갈 것이기 때문에 나중에 "아 그때가 좋았지 그때 뭐든 더 열심히 해서 시간 보낼 걸"이라는 생각을 하시게 될 수도 있어요.

외국인 친구를 사귀는 걸 가장 추천드리고 싶어요. 사실 이게 가장 핵심이라고 생각되는데요. 직장동료, 같은 수업 친구와 교수, 하물며 단골 식당 서버랑도 소통하며 다양한 백그라운드를 가진 사람들과 어울리면 여러분들은 좀 더 열린 생각과 유연한 사고방식을 가지게 될 수 있어요. 이러한 경험은 백 만금을 주더라도 가질 수 없는 것들이라고 생각합니다. 그 과정에서 오는 언어적인 업그레이드는 보너스로 따라오는 것.

정말 힘들고 외롭고 향수병처럼 힘든 순간이 한 번쯤은 올 거예요. 그럴 때 사랑하는 사람, 가족, 친구들을 떠올리며 지금 이 순간을 효율적으로 보내야 나중에 재회할 때 배로 행복할 것이라는 걸 생각하면 좋을 거 같아요. 물론 이 생각에 매몰되어 어떻게 시간 보내야 잘 보내는 것일까 하는 압박감을 가지시라는 건 아닙니다. 여러분이 이미 건강히 잘 지내고 있다는 사실로도 충분하니까요.

무기명

유학 생활을 시작해 보니 이전에는 알지 못했던 더 큰 세상이 있었습니다. 익숙한 곳을 떠나 새로운 도전을 해보려는 용기를 응원합니다! 유학 이전에 내 목표는 무엇인지, 어떤 어려움이 있을지 충분히 생각하셔야 합니다. 다만 결정을 내려 유학을 떠난 이후엔 어떻게 이 시간을 잘 보낼까 너무 걱정하지 말고 자신을 믿으세요. 낯선 사회에서 이방인으로서 힘든 일들도 있겠지만, 사소한 일상들마저도 평생 추억할 소중한 성장의 시간이 될 거예요.

김*훈

기대에 부풀지 마라. 그곳에 도착하면 풍선에 바람 빠질 일뿐이다.

박*민

도착하는 순간 집으로 가고 싶을 것이다.

김*빈

첫 번째, 정해진 기간 동안 뚜렷한 목표를 세우고 뛰어들 것
두 번째, 꼭 운동할 것
세 번째, 유학 생활로 가족과 떨어지게 되면, 힘들 때 투정 부리게 되더라도 이 과정을 창피해하지 말고 의지할 것

정*동

무엇보다 너무 겁먹지 말라고 말해주고 싶어요. 아무래도 생활 환경이 크게 바뀌니 겁이 날 수 있는데, 어디를 가던 사람 사는 곳입니다. 특히 요즘은 한국인에 대한 호감도가 높아졌으니 두려워 말고 부딪쳐 보세요.

이*규

직간접적으로 외국 생활하고 계신 분들을 많이 접해보는 게 가장 중요한 거 같아요. 주변에 있으면 만나서 구체적으로 물어보고, 없다면 유튜브 같은 매체를 통해서 꾸준하게 접하는 것. 이러한 과정 속 자연스럽게 넥스트 스텝들을 정리할 수 있을 겁니다.

임*원

가장 강조하고 싶은 것 세 가지는 아래와 같아요.
- 언어와 소통의 중요성

- 해외에서도 나의 커뮤니티를 만드는 것의 중요성
- 왜 나가려고 하는지, 왜 그 나라여야 하는지, 무엇을 얻고자 하는지 아는 것

김*준

현실적인 얘기지만, 달성하고자 하는 목표를 세팅하고 가라고 하고 싶네요. 단순히 영어를 잘하고 싶다, 해외에서 살아보고 싶다. 이렇게 단편적인 vague mindset으로 가면 이도 저도 안 되는 케이스를 꽤나 보았기에!

최*헌

저는 고등학교 시절을 미국에서 보냈습니다. 우선 유학을 준비하고 계신다면 꿈과 열정이 있는 분이실 거라 생각합니다. 새로운 문화권에서 살아간다는 것이 결코 쉽지만은 않지만 분명 잘 해내시리라 믿습니다. 당시에 저는 사람들에게 먼저 다가가는 활달한 성격의 소유자는 아니었지만, 옷을 좋아하고 공부도 열심히 하다 보니 친구들이 먼저 다가와 주어서 두루두루 잘 지낼 수 있었던 것 같아요. 만약 다시 그때로 돌아간다면 영어가 다소 서툴어도 개의치 않고 친구들과 더 친하게 어울릴 것 같아요. 그때 당시 그러지 못한 아쉬움은 있지만, 영어 실력 향상을 위해 항상 최선을 다했고 추억 거리도 많은 즐거운 경험이었습니다. 공부기 주는 스트레스, 인어 징벽, 타지에서의 외로움 때문에 때때로 힘들더라도, 미래에 더 성장한 본인의 모습을 생각하면서 끝까지 포기하지 않길 바랍니다! 그리고 공부도 공부지만 기회가 된다면 많이 보고 느끼고 만나고! 다양한 경험을 해보셨으면 좋겠습니다 :) 파이팅하세요!

무기명

유학의 목적이 분명했으면 좋겠어요. 떠나기 전 유학을 결정한 이유와 그걸 통해 얻고자 하는 것. 후회, 아쉬움 등 부정적 감정이 안 남으려면 꼭 필요한 부분이라고 생각해요. 유학의 목적을 정하는 시간을 꼭 가지세요.

박*영

해외 생활 & 유학을 준비하는 시점에선 유학을 가는 것이 목표처럼 느껴질 수 있는데, 사실은 하나의 과정이다. 유학이라는 경험을 통해 무엇을 이루고 싶은지 생각해 보았으면. 낯선 환경, 새로운 언어에 처음엔 주눅 들고 동기부여가 잘 안될 수 있는데 잘 적응해야 한다는 강박감을 갖기보다는 시간이 필요하다는 것을 인정하고 너무 조급해하지 않았으면.

이*린

유학 또는 해외 경험이 주는 많은 장점들이 있지만 다년간의 해외 체류, 새로운 환경에서 홀로서기, 한국 사회에서의 부재가 자신에게 줄 영향을 꼭 생각해 보는 것이 좋을 것 같습니다. 유학의 목적이 무엇인지 그리고 꼭 필요한 것인지 진지하게 고민해 보면 좋을 것 같아요.

강*지

먼저 본인이 해외 생활/유학을 통해 얻고 싶은 것이 무엇인지, 어떤 경험을 해보고 싶은지 잘 생각해 보고 써보는 게 좋을 것 같아요. 그리고 언어를 잘 못해도 실수할까 봐 두려워하지 말고 많은 사람들이랑 대화를 많이 나누는 게 중요한 것 같아요. 그러면 자연스럽게 친구들도 사귀고 언어도 빠르게 늘게 됩니다. 환경이 바뀌어서 스트레스받으실 수도 있지만 소중한 경험이 될 테니 행복한 유학 생활하시면 좋겠어요!

김*희

유학을 준비하고 희망하시는 분이라면 최대한 빠른 시일 내에 가시라고 추천하고 싶어요. 어릴 때 가야 문화를 접하는데 벽이 없고, 진로를 정하고 독립심을 기르는 데 있어서도 비교적 빨리 습득할 수 있는 것 같아요. 세상을 더 많이 배우는 느낌이랄까요? 그래서 하루라도 갈 수 있을 때 빨리 가는 게 좋은 선택이라고 추천드리고 싶네요.

최*연

자신이 하고자 하는 것을 뚜렷하게 생각해 놓으세요. 해외로 나가서 더 넓은 세상을 보며 원하는 커리어를 쌓기 위해서는 목표가 있어야 합니다.

그리고 부자면 가십쇼.

무기명

저 같은 경우는 대학원까지 졸업하고, 늦게 유학을 간 케이스입니다. 좀 더 어렸을 때는 제가 내리는 선택들 하나하나가 너무 중요하고 돌이킬 수 없는 큰 일처럼 느껴졌었습니다. 제 주변 많은 고등학교 동기들이 졸업 후 유학을 떠난 반면, 저는 오랜 기간 고민을 했습니다. 바로 유학을 가는 대신 대학교를 졸업하고, 군대를 해결하고, 박사학위를 취득하다 보니 꽤 많은 시간이 흐른 뒤에야 뒤늦게 유학을 떠날 수 있게 되었습니다. 제 선택 혹은 유학을 일찍 떠났던 동기들 선택 중 무엇이 더 낫다고 얘기할 수는 없으나, 지금 다시 생각해 보면 세상은 좀 더 실패에 관용적이란 생각이 듭니다. 유학에 대한 뜻이 세워졌다면 두려워 말고 할 수 있는 일들을 일찍부터 해보면 어떨까 싶습니다.

김*

타지에서 공부하는 동안 힘들어서 몇 번이고 그만두고 싶었던 순간들이 많았어요. 한국에서 사회생활을 하는 지금 이 순간, '그때 더 많은 경험을 하고 도전을 할 걸…' 후회되는 순간들이 종종 있습니다. 더 넓은 세상에서 더 많은 것을 경험하며 더 큰 꿈을 꾸시기를 바라겠습니다!

김*

해외 생활을 준비하며 설레는 마음, 걱정되는 마음 이런저런 많은 생각이 들 테지만, 그런 다양한 감정만큼 다양한 경험들을 할 수 있을 거예요. 기대하던 생활일 수도 있고 반대로 실망스러운 생활일 수도 있지만 '언제 또 이런 경험을 할 수 있을까'라는 생각으로 그 상황을 즐길 수 있기를 바랍니다!

무기명

유학을 가면 최대한 빠르게 현지 문화와 언어에 익숙해지는 것이 유학 성공의 지름길이라고 생각합니다. 모국과 집이 매우 그립겠지만, 요새는 인터넷의 발달로 언제든지 한국의 가족과 친구들과 연락이 가능하니 현지에서도 좋은 친구들을 많이 사귀기 바랍니다. 한국에서 유학 온 친구들의 경우 한국인들끼리만 친하게 지내는 경우도 있는데, 다양한 친구들을 사귀고 새로운 문화에 익숙해지시길 바랍니다.

김*정

사실 전 한시라도 어릴 때 유학을 가야 언어, 운동, 공부 등 새로운 것을 배우는 데에 도움이 된다고 생각합니다. 그렇기에 중학교 이후의 유학은 그 나라 문화를 100% 흡수하는 데에 어려움이 있을 수 있어 걱정스럽긴 하지만, 그럼에도 불구하고 용기 있는 도전을 하는 여러분들께 한마디 드리자면, "세상은 생각보다 넓습니다! 외국에서 경험할 수 있는 기회들을 놓치지 말고 다 도전하세요. 처음엔 두려울 수 있겠지만, 어느 순간 즐기고 있는 자기 자신에 깜짝 놀라실 거에요"

고*훈

왜 유학을 가고 싶은지, 유학이 나에게 꼭 필요한 것인지를 꼭 심사숙고해 보라고 조언하고 싶네요. 많은 비용과 시간이 들어가고 고생을 많이 하는 길일 수 있기 때문에, 가서 현타 오거나 아니면 끝난 다음 후회할 수도 있으니까요.

현*호

기회가 생겼다고 여기지 말고 너희의 마지막 기회라고 생각하고 악착같이 해라. 안 그럼 결국 실패하고 최악의 상황을 맞이할 거다.

현*호

설레고 열정적인 마음 끝까지 잘 끌고 가서 목표하는 바를 다 잘 이루시길 바랄게요.

신*철

유학한다면, 힘들고 지치는 시간이 항상 나를 찾아오지만 그럴 때마다 내가 왜 이곳에 와있나를 다시 한번 돌아봐야 해요. 보다 힘든 시기를 주어진 환경에서 최선을 다하다 보면, 좋은 엔딩이 본인을 기다리고 있을 겁니다!

이*환

부모님께 잘하세요. 유학을 떠나는 순간 가장 보고 싶으실 겁니다.

이*영

유학은 고생길입니다. 하지만 평생 후회하지 않을 선택과 경험이 될 거예요. 이것만큼 나에게 득이 되고 가치 있었던 고생길은 없었기에 모든 과정을 응원합니다.

김*훈

유학을 시작하면 외국인이랑 많이 만나고 어울리도록 노력하는 걸 추천드려요. 그래야 가장 많은 걸 얻을 수 있다고 생각합니다.

김*하

유학을 응원하기보다는 현실적인 부분을 많이 생각해 보시라고 말씀드리고 싶어요. 본인이 유학을 오고 싶어 하는 뚜렷한 목표와 목적이 있는지. 그 유학을 위해 부모님께서 짊어지셔야 할 부담을 인지하고 있는지.

차*훈

유학은 축복입니다. 기회만 된다면 가족들 희생 헛되지 않게 열심히 공부하고 또 충분히 누리다 오세요!

경*혁

네가 공부를 안 하면 너의 가족까지 힘들어지는 길이 지금 네 유학길이야. 정신 차려 임마.

김*훈

두려워 말고 목표를 세워 달성하라. 그리고 언어에는 끝이 없다. 현지인에게 마음을 열어라.

김*현

놀 생각으로 올 거면 오지 마세요. 와서 꼭 이루고 싶은 것, 목표를 구체화하고 오세요.

이*정

외로울 거예요. 하지만 두려워하지 말고 용기를 가지세요.

박*린

학교에서 한국인들이랑 몰려다니지 마세요. 그리고 교회에 나가세요.

석*원

한국인 친구들과 어울리는 것보단 최대한 외국인 친구들과 어울리세요!

김*식

외국에 있을 때 그 나라를 최대한 많이 만끽하고 느끼세요. 그 나라를 즐겨야 공부할 맛도 힘도 납니다. 그리고 언어를 위해서는 꼭 외국 친구들을 많이 사귀세요.

강*우

해외 생활을 오래 하게 되면 집에서 멀리 떠나있는 것이 그리운 정도를 넘어서 괴로워지는 경우가 있어요. 이를 향수병이라고 보통 부르죠. 금방 지나가겠지란 마음으로 향수병으로부터 오는 감정들을 무시하고 오래 방치하게 되면 더 심해질 수도 있어요. 이는 잘못된 것이 아니에요. 그럴 땐 그리운 마음을 담아 가족 혹은 한국에 있는 친구들과 정기적으로 연락하세요. 영상 통화, 채팅 등을 통해 마음을 편하게 해줄 수 있는 이들의 삶에 접속하고, 여러분이 매일 느끼는 감정의 변화에 대해 이야기해 보세요. 한 가지 기억하셔야 할 것은 한국의 편한 삶을 그리워하는 것도 대부분은 언젠간 끝나게 되어있다는 사실이에요. 그러니 순간 감정을 솔직하게 표현하는 것이 더 큰 용기이고, 결국은 이것은 괜찮아질 것이란 마음을 가져보는 것을 추천드립니다!